〈一人前〉と戦後社会

——対等を求めて

禹 宗杬 Jongwon Woo
沼尻晃伸 Akinobu Numajiri

岩波新書
2010

目次

＊引用文中の〔　〕は著者による。

序　章　「一人前」が容易ではなくなった社会で

一　生きづらい社会

多くがひきこもる

いつの間にか日本は、生きづらい社会となっている。それを象徴するのが、ひきこもりの多発だ。政府によると、ひきこもりとは、「様々な要因の結果として社会的参加(義務教育を含む就学、非常勤職を含む就労、家庭外での交遊など)を回避し、原則的には六ヵ月以上にわたって概ね家庭にとどまり続けている状態(他者と交わらない形での外出をしていてもよい)」をいう。就学や就労、そして交遊などは、社会の構成員として生きていくために不可欠な活動である。それに困難を抱える人が増えているのである。

通常、ひきこもりは若者に多いというイメージがある。政府は二〇一五年、一五〜三九歳を対象に、ひきこもりの数を調査し、結果、五四・一万人と推計された。同年齢層の一・五七％にのぼる計算になる。その後、ひきこもりが長期化しているのではという懸念から、政府は二〇一八年、四〇〜六四歳を対象に、改めて実態調査を実施した。結果、前記の若い層よりは低いものの、同年齢層の一・四五％がひきこもっているという事実が判明した。その数は、六一・三万人と推計された。なお、政府が二〇二二年一一月に行った調査では、一五歳から六四歳までの年齢層のうち、二％余りの約一四六万人がひきこもりと推計された。ただし、そのおよそ五人に一人が、ひきこもりになった主な理由の一つとして「新型コロナウイルスの流行」をあげているので、その影響を除くため、ここでは以前の調査結果に基づいて検討する。

驚くべきは、専業主婦や家事を手伝う人のなかでも、ひきこもりが存在していることである。そして、初めてひきこもりになった年齢も、若い時とは限らず、全年齢層に遍く分布していたことである。では、なぜひきこもりになるのか。そのきっかけは、多かった順に、「退職したこと」、「人間関係がうまくいかなかったこと」、「病気」、「職場になじめなかったこと」であった。こうして一度ひきこもると、五割近くの人が七年以上にわたって苦労を重ねることとなる。

一方、ひきこもりには男性が多いとされるが、それも必ずしも正しくない。内閣府の調査では男性の比率が高いが、二〇一六年の豊中市の調査では女性の比率が上回る。実際に女性のひきこもりは数多く存在し、年齢も高齢化が進んでいるという(林 2021)。

生きづらさと人並み

従来は、ややもすれば、ひきこもりの責任を当事者本人に負わせるきらいがあった。しかし、最近では、そのような先入観も多少薄まっているようにみえる。世間が求める「普通=人並み」と自分との距離感が、ひきこもりの原因となり、これが生きづらさをもたらしていることが、徐々にわかってきたのである。これは、ひきこもりに限らない。現に、人並みとの距離感が原因で苦労する人は多くいる。政府の調査によると、二〇二二年現在、求職活動をしておらず、かつ通学も家事もしていない若年層(一五~三四歳)の数は五七万人で、同年齢人口の二・三%を占める。ちなみに、三五~四四歳にも同様の層があり、その数は三六万人で、同年齢人口の二・四%を占める。これら無業者のなかに就業を希望する人はいるが、なぜ求職活動をしていないかというと、「病気・けがのため」を除くと、「知識・能力に自信がない」、「探したが見つからなかった」、「希望する仕事がありそうにない」という理由が多くみられる。後二者は後述する非正規問題とかかわり、前者は、いま若者の抱えている意識とかかわる。

内閣府が、二〇一八年に行った、「我が国と諸外国の若者の意識に関する調査」を手がかりに、その一端を垣間見よう。この調査は、日本を含めた七カ国の一三~二九歳を対象に、人生観など六つの項目について調べたものである。調査結果で目立つのは、日本の若者の自己肯定感の低さである。「自分自身に満足しているか」という設問への答えをみよう。選択肢は、「そう思う」、「どちらかといえばそう思う」、「どちらかといえばそう思わない」、「そう思わない」の四つである。このうち「そう思う」と答えた人の比率は、アメリカでは五七・九%、フランスでは四二・三%、イギリスでは四二・〇%、韓国では三六・三%、ドイツでは三三・〇%、スウェーデンでは三〇・八%であった。「どちらかといえばそう思う」を含めると、これら六カ国では、少なくとも全体の四分の三が自分についてポジティブにとらえていることとなる。反面、日本においては「そう思う」が一〇・四%で、「どちらかといえばそう思う」を含めても四五・一%に過ぎない。「自分には長所があると感じているか」という別の問いへのポジティブな答えも、七カ国中もっとも低かった。

なぜ、日本の若者は自己肯定感が低いのだろうか。理由はいろいろあり得る。日本の若者は自らをアピールするのが苦手だといわれ、この特性が、相対的に控え目な答えを引き出した可能性はある。だが、本書の関心からいえば、自己肯定感が低い原因の一つは、人並みとの距離を意識しすぎているところにあると考えられる。つまり、自分自身が尊い価値を有していると思うよりは、人並みか否かという基準から自分の価値を判断しようとする意識があり、これが自分の価値を相対的に低める結果をもたらしているのではないかと考えるのである。

ここから二つの論点が引き出される。一つは、なぜ自分の固有の価値を尊ばないか、ということである。これは、長いスパンでの考察を要し、本書でも全体を通して検討することとなる。もう一つは、人並みというある意味平凡な基準が、なぜ人にとっては高いハードルと見えてしまっているのか、ということである。これは、比較的短いスパンでの考察で答えられる。

「半人前」という現実

一九九〇年代のバブル崩壊前、日本の若者は、自信にあふれるとまではいえないにしても、自信を失うことは現在に比べれば少なかった。学校を卒業すれば、多くは企業の正社員として就職することができたのである。しかし、バブルが弾け、いわゆる就職氷河期を経るなかで、現実は酷なものとなった。一五〜二四歳のうち「パート」「アルバイト」「契約社員」「派遣社員」などとして働く人(以下、このように正社員以外の呼び方で働く人を非正規と称す)の比率は、一九八八年には一七・二%に過ぎなかったが、二〇〇〇年には四〇%を超えた。そして、二〇二二年現在は五〇・四%という高い水準に上がっている。このなかには学生アルバイトが含まれているので、それを勘案する必要があるが、それでも若者の相当数が「非正規=半人前」として職業生活をスタートせざるを得ない状況に置かれているのは否めない。

むろん、自ら選んで非正規になる人もいる。その人にとっては、「非正規=半人前」という等式は押し付けがましいかもしれない。現に、非正規を選んだ理由としては、男女を問わず、「自分の都合のよい時間に働きたいから」がもっとも多い。「正規の職員・従業員の仕事がないから」という理由で非正規労働に就いたと答える人の比率は、全体のなかで一割程度に過ぎない。よって政府も、これだけを「不本意」の非正規と見なし、ほかは「本意」で非正規になったというとらえ方をする。

しかし、このようなとらえ方でよいだろうか。もともと「自分の都合のよい時間に働きたいから」という理由で選んだ労働の価値が、通常の労働に比べて見劣りする理由はない。現に、ヨーロッパの多くの国では、パートタイムで働くからといって、その労働の価値がフルタイムで働く人より下がることはない。働く時間が短い分、賃金総額は少なくなるが、時間当たりの価値は変わらないのである。いわゆる同一労働同一賃金の適用である。これに対し、日本ではパートタイムで働くという理由だけで、時間当たりの価値が大きく下がる。本人の意志と関係なく、日本の「パート」は、社会的には「半人前」なのである。

一歩掘り下げてみよう。働く人が、「自分の都合のよい時間に働きたい」と思うのは、ごく当たり前のことである。にもかかわらず、なぜ日本では、そう思う人の多くが非正規を選択するのか。答えは簡単である。日本の正社員(以下、正規と称す)は、長い時間働くものだからである。これをふまえると、「本意」で非正規に就いたとしても、正規に課されている長時間労働のゆえに、本当は「不本意」に非正規を選ばざるを得なかったともいえよう。

日本の「パート」――やりがいはあるが……

こうして、個人的には本意だが、社会的には不本意に非正規に就く人が日本には多いということとなる。これは若者に限らない。女性の多くがこれに当たる。二〇二二年現在、雇用されて働く女性のうち、正規の数は一二四九万人である。対して、非正規の数は一四三三万人で、その比率は五三・四％である。このうち、パート・アルバイトが約八割を占める（数では一一二六万人）。ほかに契約社員が一三三万人、派遣社員が九〇万人などである。このことから、日本では女性労働者の半分以上が「半人前」という取り扱いを受けながら働いているといえる。「パート」は女性が多いので、以下、大まかに「パート＝女性の非正規」という図式で見ていく。

社会的には「半人前」であるにもかかわらず、彼女らは、職場のなかでは主力である。日本のパートは、とにかくよく働く。これは、自他を問わず、あるいは国内外を問わず、広く認められている。現に、サービス産業の場合は、彼女らなしには産業そのものが存立できなくなるほどであり、ゆえに「基幹パート」と呼ばれる。考えるべきは、「半人前」と「基幹」とのギャップである。なぜ企業は、彼女らを「基幹」労働力として使用しながら、「半人前」の処遇しか与えないのだろうか。なぜ彼女らは、「半人前」なのに、「基幹」的な働きぶりをするのだろうか。

たとえば、「令和元年就業形態の多様化に関する総合実態調査」で国は、職業生活を構成する一一の項目について、正規と非正規の満足度をそれぞれ調べた。「満足」または「やや満足」とする労働者割合から「不満」または「やや不満」とする労働者割合を差し引いた満足度D.I.を正規と非正規で比較してみると、職業生活全体については、正社員のそれが四一・六ポイントであるのに対し、非正規のそれは二五・七ポイントであった。非正規の満足度が低いのはある意味当然といえる。特に「雇用の安定性」については、正規六一・四ポイント、非正規三三・一ポイントと二倍近い差があった。

興味深いのは、「仕事の内容・やりがい」や「正社員以外の労働者との人間関係、コミュニケーション」については、正規と非正規との間にほとんど差がないことである。前者の場合、正規が五八・八ポイント、非正規が五七・五ポイントであった。そして、後者の場合は、正規が五〇・五ポイント、非正規が五〇・七ポイントである。非正規も、正規と変わらず、しっかりとコミュニケーションをとりながら、やりがいを感じつつ、職場生活を営んでいることがよくわかる。その意味では、非正規も仕事に主体的に取り組み、それが日本の現場を支えているといえる。ここから、再び次のことについて問わざるを得ない。なぜ企業は、仕事に主体的に取り組む彼女を「半人前」の取り扱いにし、彼女らは、「半人前」なのに、仕事に主体的に取り組んでいるのだろうか。その答えは、本書を通して用意することとなるが、その前に、「一人前」そのものについて問うておこう。

二 「一人前」を問う

人並みの暗と明

ここまでみてきたことだけでも、人並みは、人びとにとってアンビバレントなものだとわかる。周りから人並みとして認めてもらえない人にとって、それは憎いものかもしれない。なぜ、この社会は人並みを押し付けるのか。なぜ、自分の個性をそのまま認めてくれないのか。一方、「不本意」の非正規など人並みとして認めてもらいたい人にとっては、それは憧れの対象、ハードルの高いものでもあり得る。この間、職場において、非正規の正規登用が進められ、政府もそれを支援している。しかし通常は、「転勤が可能であること」などが条件で、試験が課される場合も少なくなく、ハードルを乗り越えるのは容易ではない。実際、登用者の数は少ない。

他方、多くの「パート」にとって、人並みとはしっくりこないものかもしれない。職場での働きぶりからすれば、彼女らは、まぎれもない人並みである。スーパーマーケットの売場であれば、非正規の「パート」が若い正規従業員に基本的な事項を教えることが当たり前となっている。にもかかわらず、彼女らの給与は、若い正規従業員のそれより低い。「パート」の給与は、いわば家計補助的なものと見なされ、彼女たち自身これをよく知っている。ゆえに、肩身が狭い。また、働く場においては人並みとして行動しても、暮らしの場に戻れば、自分の稼いだものが「家計補助的」であることと相まって、夫や近所や地域社会に対して人並みとしてはなかなか行動し得なくなるかもしれない。こうしてみると、人並みという考え方が、少なくない人に不満足をもたらす原因になっていることがわかる。

　では、人並みという考え方は、いっそなくしてしまったほうがよいのだろうか。そうではないところに、問題の所在がある。たとえば、自分の個性を人並みに認めてもらいたい、というケースを取り上げてみよう。自分が勝手に生きることと、自分の個性的な生を認めてもらうこととは、次元が違う。前者の場合が自分に閉じたものであるのに対し、後者の場合は他人に開かれたものであり、他人の承認を必要とする。他人にとっても価値のある生として、すなわち、ほかの人に劣らない価値ある生として、自分を認めてもらわなければならないのである。その意味では、個性的な生のためにも人並みという評価は肝要ということになる。

　では、何が原因で、人並みという考え方が少なくない人に不満を与えているのだろうか。それは、人並みの基準が狭く、かつ画一的で、この基準に満たない人は認めないという狭量な考え方になっているからである。ただし、現在がこうだとしても、過去と未来が同じとは限らない。その内実は本書で確認することができよう。

「私たちも人並みに」

歴史をひもとくと、日本の多くの人は、人並みを切実に求めてきた。この点に光を当てた研究者の一人が、二村一夫である。二村は、日本の労働者が本当に追求したのは、「人並みに扱え」ということであったとみた。すなわち、「自分たちも企業の一人前の構成員として認め、能力や努力を正当に評価せよ」というのが、日本の労働者の真に求めたものと喝破したのである(二村 1994)。ここでいう「能力や努力を正当に評価して人並みとして認めること」が、本書の「一人前」の内容に当たる。一人前として認めてもらいたいという願望が、日本の労働運動を推し進めたことを突き止めた点で、二村の眼力は高く評価しなければならない。

ただし、限界もあった。二村は、「社会運動の最大の動因は、差別に対する怒りである」ととらえる。後で詳しくみるが、たとえば戦前の日本ではいわゆるホワイトカラーとブルーカラーとの間に大きな格差があった(野村 2007)。ブルーカラーにとってこれは差別に他ならなかった。そして、戦後の労働運動は、この差別をなくすことを一つの目的として展開し、大きな成果をあげた。ただし、二村はここまでだとみた。すなわち、「長年の鬱憤を晴らしてしまい、全員がサラリーマン化した正規従業員中心の組合が、企業主義から脱却することは難しい」と考えたのである。よって、「今後、かりに労働組合運動が再活性化することがあるとすれば、それは現在の企業社会では『一人前の構成員』として認知されていない層＝女性従業員が、『私たちも人並みに』と要求して運動する時であろう」と見込んだ(二村1994)。しかしながら、このいわば予言は、いまだに実現されていない。

なぜだろうか。その理由は、いまのところ二つが考えられる。一つは、「怒り」や「鬱憤」が社会を変えるには、個人のレベルを乗り越え集団のレベルに転化する必要があるが、「個人↓集団↓社会」を媒介する経路が十分でないということである。先に「パート」は自分の「職場」での働きぶりにおいては人並みとなっていることをすでにみた。しかしながら、「職場」と「職場」とをつなぎ、より広いレベルで問題を公論化し、自分に相応しい人並みとしての評価を追求できるルートが足りないのである。もう一つは、人が結集し運動が進むには、「怒り」や「鬱憤」を乗り越え、運動を正当化するための論理が必要だということである。後でみるが、日本の組合が、「長年の鬱憤を晴らし、全員がサラリーマン化した」際には、それを正当化するための論理を用意していた。だが、現在の日本の「パート」は、「私たちも人並みに」と要求するための正当化論理をまだ十分備えていない。ゆえに、運動の「再活性化」がいまだ実現できずにいるのである。

「一人前」として生きるとは——本書の問い

以上をふまえ、本書の問いを立てよう。本書では、日本の労働者が一貫して求めてきたのは、人並み＝一人前としての承認に他ならなかったとみる。なお、範囲を拡大すれば、日本の普通の人が一貫して求めてきたのも、一人前としての承認に他ならなかったとみる。つまり、働く場だけでなく暮らしの場を含め、男女を問わず多くの人が、一人前として認めてもらうための運動を推し進めたのであり、これが日本の現代を創り上げたとみるのである。ただし、その軌跡は単純で一直線のものではなかった。何が成果で何が課題かも、いまだ明確になっていない。よって、本書の問いは、日本の人びとが一人前として生きるために奮闘してきた歴史は実際どのようなものだったのか、そして、その歴史から今後一人前として生きていくために必要な手がかりはどのように得ることができるのかということになる。

ここで、「一人前」について定義しておこう。本書でいう一人前とは、「ある場において対等にふるまうこと」である。日常的に経験することであり、その点では理解しやすいものと思われる。ただし、若干掘り下げる必要がある。「ある場において対等にふるまうこと」をブレークダウンすると、「ある場において、話し合いにより、自分の価値を人並みとして認めてもらい、成員としてふるまうこと」となる。

一番目の「ある場」は、人が集まる特定の場を指す。一人前は、認めてもらうという行為を前提としており、個人の範囲を超える集団的な場がなければ成立しない。働くに当たっては企業、暮らすに当たっては地域が典型的な場となる。

二番目の「話し合い」は、一人前として認めてもらうための手続きを指す。場を構成する関係者同士の意志の交換によってのみ承認はなされるのである。企業であれば、経営と労働者／労働組合との話し合い、地域であれば、自治体と地域住民との話し合いが中心となろう。

三番目の「人並みの価値」は、一人前として認めてもらうための内容を指す。自分の価値が何で、それが人並みに値すると示すことができるからこそ、一人前として認めてもらうことができる。ここに、上で述べた正当化論理がかかわってくる。特に今まで認められなかった何かを新たに認めてもらう場合は、正当化論理が決定的となる。自分の性質・素養・能力などが価値あるものと主張し、それを相手側に受け入れてもらわなければならないのである。本書の展開を先取りすれば、企業においては「同じ労働者として貢献できる」という論理、地域においては「市民として社会財を創出する」という論理などがそれに当たる。

四番目は、以上をふまえ、「その場の成員として対等にふるまう」ことである。企業であれば、単に賃金を受け取るだけではなく、自分の処遇にかかわる重要な意思決定に継続的に参加することであり、地域であれば、単に住むだけではなく、暮らしにかかわる重要な意思決定に継続的に参加することである。

ところで、「一人前」という言葉は、辞書的には、どのような意味として記されているであろうか。『日本国語大辞典』によれば、以下の四つの意味が記されている。
(1)ひとりに振り当てられた分量。ひとりぶん。
(2)成人であること。また、成人としての資格や能力があること。
(3)技能などが人並みの域に達すること。また、その世界で通用するほどになっていること。
(4)江戸時代、東北諸藩での村落構成単位。一般にいう一軒前に同じ。
このうち、(1)と(4)は、本書で用いる「一人前」と異なることは、おわかりいただけよう。問題は(2)と(3)だが、本書で用いる「一人前」は、年齢を問題としておらず、(2)とは異なる。(2)は歴史的にみて、近代以後は時々の国の政策によって決められてきた経緯もある。戦前の徴兵制度もその一つである。二〇二二年から施行された成人年齢の一八歳への引き下げも、人びとが要求して勝ち取ったものとは、必ずしも多くの人は考えていないであろう。よって、「人並み」や「その世界」(=ある場)という言葉を用いた説明である(3)の意味が、本書の「一人前」に相応しい。ただ、(3)の場合、「技能など」というように、限定した意味合いを付している。この定義を聞けば、職人の世界を思い浮かべる方もおられよう。対して本書では、「自分の価値」を人並みに認めてもらうというより広い意味で「一人前」の言葉を使う。そのために、辞書的な意味（特に（3））に即しつつも、本書独自の定義を先に施した。それゆえ、必ずしも辞典の定義に縛られていないことを了解されたい。

本書がフォーカスするのは、一人前として生きるための、つまり自分の固有の価値を人並みとして認めてもらうための、普通の人びとのいわば「承認をめぐる闘争」の歴史なのである。この一人前の歴史について、第一次世界大戦前後から現在に至るまでおおよそ一〇〇年間の歴史を見通して明らかにすることが、本書の課題である。そこを探ることを通じて、前述した「なぜ自分の固有の価値を尊ばないか」という疑問への答えも導き出されよう。

留意すべきは、以上の一人前は、手続きにおいても内容においても「閉ざされたもの」ではなく、社会に対して「開かれたもの」だということである。先にみた「パート」の例を再び引き合いに出そう。手続きからみると、「パート」が一人前になるためには、「職場」を超えた公論の場が必要で、そこでの議論が職場に重要な影響を及ぼすだろうということを指摘した。一人前に向けた話し合いの出発点と終着点は特定の場だとしても、その場で直ちに承認が得られるとは限らない。まして、性や障害や国籍など社会的に固定化されたイメージを伴う場合は、より広い場で話し合うことが求められよう。

内容においても同様のことがいえる。「パート」の行う業務がそれ自体としては人並みだとしても、それが一人前の価値を有するものと評価されるためには、女性の労働を家計補助的とみる「男性稼ぎ主労働文化」ではなく、女性も男性も同等に働くべきとする「共稼ぎ労働文化」が必要である(木本 2019)。そして、このような文化は、特定の場を超えた社会的な領域で醸成される。要するに、一人前は、特定の場の営みで完結されるものではなく、「個人↕集団↕社会」という開かれた仕組みのなかで達成されるのである。この開かれることの重要性を後で確認しよう。

働くことと暮らすこと

働くことと暮らすことが密接にかかわっているのは、誰でも知っていることである。しかし、両者を統一的にとらえて日本の歴史を描いた書物は意外に少ない。昔、生産と消費の構造が、家業や生業の段階にあった時期には、女性も男性とともに働いていた。夫婦共働きで、暮らしを守ることも男女が共に担っていた。これが変わったのは、その生産と消費の構造が、二〇世紀に入って企業中心に転換したからである。当初は製糸業などの繊維産業に未婚の女性が働きに出ることも少なからずみられたが、産業構造の転換とともに、徐々に男性が主に働き、女性が主に家事を担う性別役割分業が進んだ。特に第一次世界大戦後における雇用労働の増加が重要な影響を及ぼした。そして戦後の高度成長が決定的な意味を持った。現在はむろん、企業による生産・消費の編成が完全に主流となっている。

本書でも、このような変化を意識しつつ、二〇世紀に主流となった企業のもとでの雇用と、近代家族の営みのなかでの暮らしを考察対象とする。すなわち、働く場の考察においては主に男性が主人公であり、暮らしの場の考察においては主に女性(なかでも、主婦)が主人公となる。ただし両者は、ミクロ的には「家族」を媒介として、マクロ的には「一人前としての承認の仕組み」を媒介として、互いに結合される。

たとえば戦後、女性は、参政権をはじめとして多くの権利を得た。法的に一人前として承認されたのである。これが、戦前とは異なる「近代家族」の形成を可能にした。女性は自由に恋愛し自分の意志で配偶者を選ぶことができるようになった。しかし他方で、性別役割分業に強固に組み込まれることになった。衣食住に関する家事や子育ては妻の仕事という規範が、女性を縛ったのである。そのため、多くの女性は働く場において一人前として認めてもらう代わりに、主婦になって核家族を守る道を選んだ。家事や育児のことを考えれば、「選んだ」というより「選ばざるを得なかった」と表現した方が正確かもしれない。

これには、働く場における男性の一人前の特質が大きくかかわる。戦後、一人前の男性とは「家族賃金」を稼ぐべきとする観念が形成された。これが、「近代家族」の普及を支えた。よって、近代家族および家族賃金の形成が、結果的には、働く場での女性の一人前としての承認に無制約を課したともいえる。むろん、働かないとしても、女性が自分の一人前としての承認に無関心であったわけではない。否むしろ、一人前として認めてもらうために奮闘した。それは、主に暮らしの場においてであった。多くの女性が、地域活動に参加し自治体とも渡り合って、一人前として承認されることを目指したのである。この承認は、女性が家族のなかで対等にふるまうことを必要とした。そのため家族と軋轢《あつれき》を生む場合もあった。

よって、戦後の一人前を描く場合、男性にとってある程度自明であった家の外で働くことや場合によっては家の外で暮らすことが、女性にとっては自明でなかった点に留意する必要がある。それらに留意しながら、働くことと暮らすことを別々にみるのではなく、近代家族にみられる家父長的な性格や性別役割分業の規範に関連づけながら、働くことと暮らすことの一人前の歴史を解き明かし、将来を考えようというのが、本書のねらいである。

「権利」と「価値」

ところで、一言で承認といっても、それには性質の異なるものが複数存在する。特に区別すべきは、権利における承認と、価値における承認である(ホネット2014)。前者は、個々人が法的権利を有すると認めることである。そして後者は、個々人がその素質と能力において価値を有すると認めることである。わかりやすい例でいえば、労働者は労働組合を作る権利を有する、というのが前者である。対して、労働者は勤勉性と技能をもって企業の生産に貢献しそれを認かかわる。ある場において人並みの価値があると認めてもらうことである。本書が取り上げる一人前は、後者と直接かかわる。

ここで、本書を読み解くための手がかりとして、人格承認と一人前の関係についてあらかじめ整理しておこう。後で再び述べるように、明治期以来日本の社会運動の出発点をなしたのは「人格承認要求」であった。人びとは、自分も人格あるものと認めてもらうために、壮絶な戦いを始めたのである。この要求は、もともと権利の承認と価値の承認の両側面を併せ持つものであった。しかし、人びとは、やがて後者のほうに重点を置くようになる。アジア太平洋戦争敗戦後の改革は、立ち遅れていた権利の承認を一挙に推し進めた。日本に居住していた旧植民地の人びとを除いて、基本的人権を尊重するという点で権利の承認がほぼ成し遂げられたといって差し支えない。ただし、人びとにとってみれば、それは与えられたものだった。このなかで、自分の価値を社会的に認めてもらおうとする運動が本格化する。これが、一人前としての承認の動きである。そのうえ、日本における権利の承認は、日常生活のなかではその実現の程度が比較的弱い。後述するが、一人前の承認には法自体の制定や制度改正も求められるものの、戦後法制度の整備はそれほど進まなかった。それゆえ、「対等」を求める一人前としての承認要求は、場合によっては権利としての承認要求を含む。しかし、基本的には、ある場において人並みに値する存在として認めてもらおうとする価値の承認の動きが顕著にみられた。問題は、何を根拠として、それを正当化するかである。本書では、承認をめぐる重要なポイントとして、その論理の変化と展望を追う。

時期区分

本書では、四つに時期を区分する。まずは、戦前である。戦前も、本来であればいくつかに時期区分すべきだが、戦後本格化した一人前の承認運動に焦点を当てるゆえ、本書では戦前をまとめていわば前史として位置づける。この時期は、一人前というものに目覚めたものの、運動としては挫折した時期であった。

次は、敗戦から一九七〇年代までである。この時期は、人びとの一人前としての承認運動が本格化した時期であった。働く場では、ブルーカラー労働者の人並みに認めてもらいたいという要求が強く打ち出された。暮らしの場では、女性が「市民」としてそして「人間」として、自分の地域について発言をし始めた。

続いて、一九七〇年代から一九九〇年代までである。この時期は、日本の労働世界においてある種の陶酔が生じた時期であった。働く場で労働者は、企業のなかで、「特殊能力」による「自己実現」を通じての一人前を求めた。一方、生活世界は、労働世界の威力の前で委縮した。暮らしの場において人びとは、「連帯」と「当事者」の狭間で揺れ動いた。

最後に、一九九〇年代から現在までである。この時期は、働く場、暮らしの場ともに、人を一人前として認める承認機能そのものが弱まった時期である。「場」自体が縮小されたことに加え、「個人→集団→社会」の経路の分断が生じることになった。

政治経済に比べれば相対的になだらかに変化する社会を対象とする本書においては、一年単位で時期区分を行うことを避けた。そのため一九七〇年代と一九九〇年代が、それぞれ第二章と第三章、第三章と第四章の二つの章にまたがっている。双方の時期区分の特徴がみられる時期として、ご理解いただければ幸いである。

以下、それぞれの時代ごとに、国レベルの政策と実態、働く場における動き、暮らしの場における動き、そして社会レベルの達成と課題という順に、歴史をみることにする。国レベルにおいては、主に承認とかかわる政策と実態に絞って論ずるが、権利の承認が価値の承認の土台となるゆえ、前者に関しても必要な範囲でふれる。これは社会レベルでも同様である。

一方、本書が取り扱う素材においては、暮らしの場は、主に地域がその対象となり家族内部は必要な限りでふれること、働く場の場合は、主に大企業がその対象となることをことわっておく。地元で育ち地元の自営業や中小企業などで働く「地元型」(小熊 2019)が、対象から抜けることとなるが、時代を貫通する「日本的なるもの」の特質をよりシンプルにとらえるためと理解していただきたい。

第一章　目覚めと挫折――戦前の営み

一　人格承認要求と大正・昭和

人格承認要求の歴史的前提

二〇世紀の初頭、とくに第一次世界大戦後の時期は、「人間になりたい」、「人間として認めてほしい」というフレーズが、人びとによって表現されるようになったことで知られている。これらは人格承認要求と呼ばれ、大正デモクラシーを支える人びとの意識を象徴的に示すものであった。それでは、人格承認が主張され始めた時期の日本社会とは、どのような特徴を有していたのか。社会の基礎単位である家族に関わらせて、述べておこう。

近代日本の家族と個人との関係を論じたものとして、法学者の川島武宜の議論がある。川島は敗戦後間もない時期に発表した『日本社会の家族的構成』のなかで、民衆の家族生活を、武士や上層地主など家長の権限が強い儒教的な家族制度と区別し、民衆の家族には「『たがいにむつみあう』横の協同関係が存在する」と指摘した。しかし、川島が注意を促したのは、人びとは決して自由ではないという点であった。自分自身の判断で行動を決定するのではなく、家族の秩序が人びとを「外から」拘束する点を川島は指摘した。そこでの秩序とは、人情的情緒的な雰囲気である。そのため、人びとは、独立した個人として自分を意識することができず、行動することもできない。人情的情緒的な雰囲気が人びとの行動を規定し、独立した個人として相互に尊重する考え方が存在しないことを川島は論じた(川島 2000)。

川島の議論は、自己の内発的な考えに基づいて意見を述べたり行動したりすると、「空気が読めない」といって批判されることの多い、現在の日本社会にも通底する側面がある。雰囲気が人びとを規定することで、日本社会では一人ひとりの人格の尊重が軽んじられてきた。このことは、キリスト教が浸透した西洋において個人の尊厳という考え方が存在したこととの対比においても、論じられてきた点であった(隅谷 1968)。

その一方で、家族(戦前の「家」)を単位としてみれば、西洋近代における市民社会と日本社会との間に類似点も見出せる。この点に関しては、東條由紀彦が重要な議論を展開している(東條 1990)。東條の議論は高度に抽象的で難解だが、本書に即して理解すれば以下のようにまとめられる。東條は「市民」としての「権利」の認知を通じて「市民社会」が成り立っている「西欧近代」を、まず念頭に置く。明治期の日本社会においては、このような市民社会は成り立ってはいない。しかし、「家」とそれに基づく二次的な社会関係（同職集団や同族団など）との関係においては、「家」が同族団や同職集団各々の内部で相互の認知を得た自立した存在であった点に注目する。そこに、西欧近代にみられた「市民社会」的性格を見出そうとした。東條のこの議論は、「複層的市民社会」論として知られている。ただし、東條は、この「家」に個人が没人格的に従属している点を強調する。「個人」にフォーカスすればその独立は不十分であり、この点では、独立した個人の意識の弱さを強調する川島の議論と親和的である。後述するように、明治期の労働運動においてすでに人格承認の主張はみられる。これに加え、諸個人が「家」から相対的に自立し、「家」の外に向けた人格承認要求が社会に広まった時期が、大正期ということになる。

大正期に、家族の機能が変化する点も重要である。家業・生業を中心とした家族経済から、企業によって雇用され生計を立てる経済への転換が、急速に進んだ。その過程で、主として男性が企業で働き女性が家事を担う性別役割分業が形成され始めた。都市部に形成した核家族では、情緒的人情的な「雰囲気」と「家」への個人の従属は徐々に弱まっていったとしても、今度は近代家族にみられる性別役割分業の枠組みに組み込まれた。そのため、人格承認要求も、性別役割分業の規定性を当初から受けることになった。

人格承認要求と国家の政策

大正デモクラシーのもとでの社会の変化として重要なことは、労働者や農民、女性、さらには被差別部落の人びとが、団体を結成し自ら運動をおこした点であった。その代表的な例として、一九一九年における大日本労働総同盟友愛会、一九二〇年における新婦人協会、一九二二年における日本農民組合及び全国水平社の設立を挙げることができる。これらの運動の多くは、政治的には参政権などの権利獲得を目指した。同時に、本節の冒頭で紹介した、人格承認要求を行ったことでも知られる。この点にいちはやく注目した研究者の一人である隅谷三喜男は、『労働及産業』一九一八年三月号の懸賞文に当選した一労働者の文章「人間になりたい」を紹介している(隅谷 1968)。そこでの本文を抜粋すれば、以下の通りである。「嗚呼吾人は『人間』となりたい。否ならなくてはならぬ。人間としての権利と自由を得たい。人格ある人間として待遇されたい。吾人はまだ人間としての自由意志を認められて居ない」。「権利」を得たいという主張とともに、「人格ある人間として待遇されたい」と述べている点が重要である。独立した個人としての意識が弱く、「家」的な諸関係に従属してきた人びとが、人間としての承認を要求し始めたのである。

これらに対して政府がとった政策は、必ずしも人びとの要求通りではなかった。一九二五年に、男子普通選挙法が制定されたことはよく知られている。これによって、二五歳以上の「帝国臣民たる男子」は、選挙権を得た。大正デモクラシーを体現した一つの重要な政策が、男子普選であった。この影響は働く場にも及び、後述するように、労働運動は穏健化することになる。一方、女性の政治的権利は、要求通りに認められなかった。婦人参政権獲得運動のなかで、女性の政治集会への参加禁止(治安警察法第五条)条項が一九二二年に削除された。しかし、女性の普通選挙に関しては見送られることとなった。政府は、普通選挙法が制定された一九二五年に、治安維持法を制定した。一九二六年には、後述する治安警察法第一七条を削除する一方で暴力行為等処罰法を制定し、労働争議や小作争議に対して同法を適用した。このような治安立法の強化の側面に鑑みれば、デモクラシー的風潮のなかで、政府は人権抑圧的側面を強めたともいえよう。

抑圧ということでいえば、働く場はもともとその側面がより鮮明に現れていた。政府は、明治以降長い間労働運動を弾圧してきたが、その典型が治安警察法の制定・執行であった。一八九〇年に制定されたこの法は、その第一七条において、「暴行・脅迫・誹《ひ》毀《き》・誘惑・煽動《せんどう》」をもって労働者の団結・交渉・行動をはかってはいけないと規定していた。「暴行」等はいわば口実で、実際には団結・交渉・行動を厳しく取り締まるものであった。これにより、次節で取り上げる鉄工組合など明治期の労働運動は、早くもその芽を摘まれることになった。一方、政府は、社会政策の実施にもいたって消極的であった。労働力の維持・再生産に必要な工場法は、一八九七年から何度か法案が提出されたものの、財界の反対などの理由で成立せず、やっと一九一一年になって公布された(施行は一九一六年)。

しかし、抑圧だけで問題が収まるわけではない。現に、第一次世界大戦を経るなかで労使関係、地主小作関係においても変化がみられた。表1-1のように、労働争議においては、重工業部門の労働者数の増加を背景に大戦中から頻発し、次いで小作争議も大戦後に急増した。

このような動向のなかで、政府も新たな対応を迫られた。一九二〇年に臨時産業調査会を設置して労働組合法の検討を開始した。地主小作関係に関しても小作法制定の検討を始めた。しかし、労働組合法も小作法も、この段階では制定には至らなかった。その代りに、一九二四年に小作調停法、一九二六年に労働争議調停法が制定され、争議調停の申し立てに応じて小作官や調停官などが調停にあたる体制が出来上がっていった。

ここで重要なことは、組合法制定が見送られた理由についてである。労働組合法の場合、提出された政府案においては、労働争議による損害賠償責任の免除を認めるなど、評価すべきところがあった。しかし、審議の過程において、労働組合とは結局、「社会の安寧秩序・公益を害する惧《おそ》れのきわめて大きい団体」という、政財界の観念を拭い去ることはできなかった。国にとって、労働組合の法認(国が法律をもって承認すること)より治安維持の観点が優先していたことがわかる。このような「労働組合観」のもとでは、「総同盟のような穏健主義の労働組合でさえ、勢力を伸ばすことができなかった」(氏原 1989)。

小作組合に関しては、やや事情が異なった。小作立法制定過程における諸イデオローグを分

表1-1 労働争議・小作争議の件数及び参加人数

年次	労働争議		小作争議	
	件数	参加人数	件数	参加人数
1917	398	57,309	85	-
1918	417	66,457	256	-
1919	497	63,137	326	-
1920	282	36,374	403	3,465
1921	246	58,225	1,680	145,898
1922	250	41,503	1,578	125,750
1923	270	36,259	1,917	134,503
1924	333	54,526	1,532	110,920
1925	293	40,742	2,206	134,646
1926	495	67,234	2,751	151,061
1927	383	46,672	2,052	91,336
1928	397	46,252	1,866	75,136
1929	576	77,444	2,434	81,998
1930	906	81,329	2,478	58,565
1931	998	64,536	3,419	81,135
1932	893	54,783	3,414	61,499
1933	610	49,423	4,000	48,073
1934	626	49,536	5,828	121,031
1935	590	37,734	6,824	113,164
1936	547	30,900	6,804	77,187

出典:相原・鮫島(1971),加用(1977)

析した川口由彦の研究によれば、そこでの議論の多くは私法上の契約関係の自由を固守したという。それらの議論の背景にあったのは、地主小作関係にみられる人格的結合への配慮であった(川口 1990)。小作法や小作組合法が制定され、小作農民の人格が承認されたうえに小作農民同士の団結までが法認されると、もともと存在していた、地主小作関係にみられた擬制的な「家」の関係を否定することにつながる。そうさせないためには、地主小作関係を小作立法の外側に置く必要があった。そこで、地主小作関係を、みかけ上は、小作立法による制約を受けない私法上の契約関係とすることを固守した。国は、団結主体としての「人格」を農民に認めることをためらい、なるべく既存の社会関係を利用しようとしたのである。

少数者と人格承認

人格承認に関する政府の政策の射程に含まれない少数者も存在した。被差別部落の人びとや植民地の人びと、アイヌや沖縄の人びと、障害者、ハンセン病患者など、差別を受けた数々の少数者の存在は、人格承認の観点から国の政策に正面から位置づけられることがなかった。視覚障害者による運動により、一九二五年の衆議院議員選挙法改正により点字投票が認められたように、要求が実を結ぶ場合もあった(井上 1989)。しかし、被差別部落に対する融和政策の実施や、関東大震災後の大都市における在日朝鮮人を対象とした「内鮮融和」を目的とした団体設置などにみられるように、差別されている人びとに即して人格を承認しないまま、天皇制のもとに少数者を位置づける政策がとられた。

なぜ、政府は、少数者の個人の尊厳を認めようとしなかったのか。ここでは、障害児教育の歴史を分析した西田美昭の議論を紹介しよう(西田 1985)。西田は、近代日本において、視覚障害者や聴覚障害者への教育が先行する一方、知的障害者や身体障害者などへの教育が著しく遅れた点を指摘する。そして、その理由を、障害児教育に対して、明治期の官僚が有した「『無用』を転じて国家の為の『有用』となすというイデオロギー」に求める。政府は、視覚障害者、聴覚障害者のほうが国のために役立つ程度がより大きいとみたのである。教育を受ける障害者の側に立った教育観でないことはいうまでもなく、その結果、教育の対象として障害者が正当に位置づけられることはなかった。このことは、一人ひとりが「人格」ある人間であることがないがしろにされていることの現れであった。大正期における人格承認に関わる政府の政策は、そのような意味においても限界を有していた。

戦時期の「変化」とは

国家と社会の関係に、新たな変化をもたらしたのが、戦時期であった。戦時期は、召集や種々の軍需工場での労働力としての徴用など、「家」を単位としてではなく、「家」のなかの

「個人」を単位として、国家が人びとを動員したからである。しかもその対象は、単に成人男性だけでなく、女性や一〇代の未成年者も含まれるようになった。

総力戦の遂行によって、社会的な平準化が進む側面もみられた。女性が職場に進出することは、その一つの典型例であった。産業報国会が設立され、次節で述べるように同じ経営体のなかでの職員と工員との差の縮小もみられた。暮らしの場においては、一九三八年に農山漁村や都市の自営業者を対象として、任意設立・加入の国民健康保険法が制定されるなど、医療保険制度が法制化された。年金制度に関しても、一九三六年に退職積立金及退職手当法が制定されたのち、一九三九年には船員保険、一九四一年には常時一〇人以上の労働者を雇用する工場、鉱山、交通運輸業を対象として労働者年金保険法が制定された(小川 1967)。

しかし、戦時期に国家の側が個人を対象とした政策をとることは、その個人を人間として尊重するためではなく、むしろその逆であった。国が、戦争目的のために、個人単位でその意思と能力を活用しようとする側面が大きかったのである。労働者年金保険法の制定は、あくまでも「生産力拡充」のためであり、同時に掛け金の資金を吸収してその積立金を国債の消化や産業資金などに振り向けることが期待された。本来、法による保護が必要となる零細企業の労働者が対象から外され、女性労働者や外国人労働者も対象外であった。

このように、戦時期の日本においては、国が個人の尊厳を守り生活保障を図りつつ労働力を調達する政策は、極めて不十分なものであった。その一方で、戦時期における人手不足が深刻化するなかで、権力的な強制力を伴った個人に対する動員が広がった。労務動員計画に基づいて朝鮮人や中国人を強制的に連行し、炭鉱・鉱山や土木建築現場など過酷な労働環境のもとで、強制労働に従事させた。また、一九四〇年には、ナチズムの影響を受けて優生思想が強まるなかで、任意の断種を原則とするが強制断種も認める国民優生法が制定された。断種は、それまでにもハンセン病患者に対して実際に行われてきたが、国民優生法の制定によって、精神障害者や知的障害者が断種の対象となった(黒川・藤野 2015)。

戦前を総じてみると、「家」や「家」的社会への没人格的な従属から目覚めた人びとは、新たな中間団体や社会関係を形成する必要に迫られただけでなく、個人を人格あるものとして承認するよう国家の性格を変えていくという重い課題をも背負うことになったといえる。これらのことは、具体的にはどのように意識され、人びとはこれらの難題を打開しようとしたのか。以下、働く場と暮らしの場を通して、このことを確認していこう。

二　上層労働者だけが「一人前」

労働運動の出発点としての人格承認

日本の労働運動は、人格承認要求から出発した。これは、労働運動の端緒を作ったということに止まらない。人格承認をめぐるせめぎあいは、さまざまな意味で戦後民主主義の前提をなした（佐口1991）。よって、その動きを注意深く観察する必要がある。

日本でもっとも早く労働争議を起こした主役の一人は、日本鉄道会社機関方であった。彼らは、一八九八年の争議において、次のように訴えていた。「凡そ義務ある処には権利あり、責任の重大には名誉必ず之に従はざるなし。而して爰《ここ》に不道理にも之に反するものあり、我等即ち之なり」。ここから、労働者たちが「権利」とともに「名誉」を求めていたのがわかる。よって、労働者たちは、機関方や火夫の賃上げを要求すると同時に、その「待遇改名」をも求めた。具体的には、「機関方を機関手に、火夫を乗組機関生に」改めることであった（隅谷1968）。

彼らはなぜ、職名にここまでこだわったのか。その背後には差別の問題があった。少し話題が変わるが、この時期に活動した「鉄工組合」の例をみよう。この組合は、東京砲兵工廠で働く労働者などによって結成されたが、そのコア・メンバーたちは、一般労働者よりはるかに高い賃金を得る「上等職工」であった。その彼らが組合に積極的に参加した理由は、「職工への差別に対する怒り」であった。すなわち、「彼らの職場は、幕末に誕生したばかりの、日本人にはなじみのない工場」であり、「工場労働は、ほかに生活の手段がない人びとが、やむを得ずに選択した職業で、大工や左官などの伝統職種の職人と比べても、社会的に認知されていなかった」ためであった(二村2008)。よって、この問題にメスを入れようとしたのである。

この差別には、学歴が重要な意味を持っていた。当時は、垂直的な秩序が支配しており、エンジニアリング業務の「技術」が上、現場作業の「技能」が下とされた。なお、技術のなかでは「技師」が上、「技手」が下であった。そして、技師＝高等教育、技手＝中等教育、技能者＝初等教育という図式が成り立っていた。鉄道に話題を戻せば、機関車の運転に従事する人たち(機関方)が、単に技能を有する者とされ、技術を有する者としては見なされなかったことが問題になったのである。彼らは、これを不満とした。それで、職名を「方」から「手」に変えることで、自分たちも「技手」のように認めてもらおうとしたのである。いわばブルーカラーのホワイトカラー化という要求を、先駆的に掲げたといえよう。

振り返れば、近代化・産業化とともに、日本でも多くの労働者が生み出されていた。ただし、産業化の初期において、彼らはいまだに下層社会から分離されていなかった。上記の鉄工や機関方の営みは、まさにこの下層社会から脱却しようとする営みを示すものである。しかしながら、その試みは成功したとはいえない。鉄工組合も、機関方争議の成果で結成された「日鉄矯正会」も、当局の弾圧により、間もなく解散させられたからである。

ところが、二〇世紀に入って以降、状況は大きく変わった。何より、従来の「上等職工」に限らず、重工業部門に働く大企業労働者を中心に、昇給の積み重ねによる賃金上昇が相当程度みられた。結果として、年齢が上がると賃金も上がるようになり、「独身の年少者が結婚し、子女をもうけるにしたがって生活費も増大していくという年齢に応ずる生活構造」を、労働者も享有できるようになった。大企業労働者が自分の賃金だけで家族を維持できるようになったこの出来事を、兵藤釗は「下層社会からの離脱」と呼んだ(兵藤 1971)。このようにして下層社会から離脱した層を中心に、自分の地位向上を求める動きが活発となった。つまり、企業主や社会の人に対して、労働者も同じ人間であることを認めてもらおうとしたのである。こうして人格承認要求は、以降、日本の労働運動を牽引《けんいん》することとなる。

「内部化」をはかった企業

ただし、この人格承認要求を、企業と国は正面から受け止めなかった。代わりに、企業と国にとって必要と思われる限りにおいて、労働者の要求の一部を受け入れ、不満が先鋭化することを避ける道を選んだ。企業がとった方法の一つは、一部の労働者の能力を認め、彼らを企業のなかに足止めすることであった。その主な対象は、近代化のプロセスで不足していた熟練労働者であった。時期は前世紀に遡るが、まずは、海外から導入した新技術に適応できたリーダー格の熟練労働者に「官吏並み」の処遇を与えた(西成田2004)。横須賀造船所における「月給職工(=抱職工)」、あるいは国鉄(この時期の名称は鉄道局。時期によって組織名が変わるが、便宜上以下、国鉄と統一する)の「有等職工」などがそれである。次に、これだけでは増加し続ける労働需要を満たせず、熟練労働者の採用に当たり、その一部に「一定期間勤続すること」を要件として課した。いわゆる「定雇《じょうやとい》(または定傭)職工」である。これは、形式的には労働者に一定期間の勤続を義務づけるものであったが、その離職を防ぐ強制的な手段はあまりないため、実質的には労働者に一定程度の雇用を保障するものであった。現に、五年など「一定期間」を勤め上げれば、満期手当を支払うなどインセンティブを与えており、その意味で熟練労働者の定着をはかったものといえる。

企業のとったもう一つの方法は、労働者一般を対象として共済制度を整えることであった。たとえば一九〇七年、国鉄に救済組合が設立された。その目的は、「壮丁ノ選良ヲ得且ツ既ニ有スル熟練ナル現業員ノ他ニ転ズルヲ防ガントスル」とともに、「同盟罷業等ノ騒擾ニ付和雷同シ秩序ヲ紊ルガ如キ弊根ヲ絶ツ」ためであった。労働者の転職を防ぐとともに、日露戦後、軍工廠や鉱山などで大争議が勃発していた情勢に鑑み、これを抑えるために講じられた措置であったことがわかる。実際この時期、これらの大企業を中心に共済組合が多く作られた。設立初期には主に業務上の死傷や死亡に限られていたが、徐々に給付の範囲を広げることになる。国鉄の場合、一九一八年の「救済組合」から「共済組合」への再編をきっかけとして、業務外疾病や退職にも給付することになった。いわば医療保険と失業保険および年金保険の機能の一部を先取りしたといえよう。

友愛会から総同盟へ

このような状況のなか、労働者の人格承認要求を受け止めて一九一二年に創立されたのが友愛会であった。創立者の鈴木文治は、その綱領の第二条において、次のように記した。「我等は公共の理想に従ひ、識見の開発、徳性の涵養、技術の進歩を図らんことを期す」。これは、当時運動を進めた人たちが、人格を認めてもらうためには、自らの修養に重点を置き、人格を向上させることがその近道だとみていたことを示す。と同時に、企業や国に対して承認を突き付ける行動には慎重であったことを表す。

しかし、第一次世界大戦を経験するなかでの労働争議や米騒動、ロシア革命の勃発とＩＬＯ（国際労働機関）の創設、そして大正デモクラシーの進展は、日本における人格承認の範囲を広げ、その内実を深めた。一九一九年、友愛会は第七周年大会を開き、次のように宣言した。

「労働者は人格者である。彼はただ賃金相場によって売買せしむる可きものでは無い。彼はまた、組合の自由を獲得せねばならぬ」。これは、熟練労働者だけでなく、労働者一般に範囲を広げ、自らが単なる商品ではなく社会的価値のある存在であることを広く社会から承認してもらおうとする考え方であり、同時に、「組合の自由」という法的権利の獲得をも展望するものであった。この考え方のもと、友愛会は二〇項目に及ぶ「主張」を掲げた。それは、「労働非商品の原則」「労働組合の自由」から「普通選挙」「治安警察法の改正」「教育制度の民本化」にまでいたるものであった。これによって、労働者の価値と権利を人並みとして認めてもらおうとしたのである。ただし、「労働非商品の原則」などの主張は、基本的にベルサイユ条約から借りてきたものであり、日本の労働者自ら育て上げたものでないことに留意する必要がある。

こうして、当初修養団体的な性格の強かった友愛会は、一九一九年に大日本労働総同盟友愛会に名前を変え、さらに一九二一年には日本労働総同盟に改称した。そして、具体的な運動として団体交渉権を追求することにした。この時期、労働組合法は制定されていなかった。よって、この交渉権の追求は、法的権利獲得を目指しながら、経営側と対等に交渉できる存在としての承認を求めたものと理解できる。現に、友愛会関西労働同盟会神戸連合会は、賀川豊彦の指導のもと、「横断組合の存立の承認」と「団体交渉権の確認」を求めて、一九二一年に大争議を起こした。

しかし、川崎造船所・三菱造船所・三菱電機・神戸製鋼所などに働く労働者が三万人も結集して闘ったにもかかわらず、むしろ一千人近い組合活動家が追放される無残な敗北に終わった。以後も労働者の挑戦は続くが、一九二〇年代半ばを境にその流れは変わることとなる。男子普通選挙の実現で政治的な熱気が収まり、労働組合法の不成立とそれに代わる労使懇談制度の普及で組合運動自体の動力が弱まったことが、これに影響した。結果、大企業における労働組合運動は目にみえる形で衰退した。そして、労働者のなかのエネルギーは権利の獲得から価値評価のほうに移行した。それをみる前に、女性労働者の人格承認要求についてふれておこう。

女性労働者の「人格」

承認をめぐる範囲の拡大と内実の深化は、性別をも超えて進んだ。働く女性を広く包摂する方針がとられたのである。上記の友愛会第七周年大会では、主張二〇項目のうちに、「同質労働に対する男女平等賃金制の確立」を含んだ。女性に関するものとしては「婦人労働監督官を設くる事」や「内職労働の改善」を求め、ほかに「労働者住宅を公営にて改良を計る事」をも要求した。「同じ人間」として認めるべき労働者の範囲が、内職に携わる女性労働者にまで広がり、その内実も同一賃金から公営住宅にいたるまで豊富化していったことがわかる。

ただし、これらの主張の多くは、前述した通り、海外からの影響によるものであった。よって、それを主体的に受け止めるための努力が必要となる。その努力は、一九二〇年代を通じて少しずつ前進した。これには、女性自らの発言が大いに寄与した。たとえば、山川菊栄は、「女性労働者の問題について、『単に抽象的な平等の原則を承認』するだけの〔労働運動の〕指導者たち」を批判した。なお、赤松常子は、同一賃金を要求する根拠として、「単に女性であるからという理由で賃金差別がおこなわれることが『婦人の人格を無視するもの』であり、また、女性の労働はもはや『小使取り』ではなく、その経済的役割は重要な位置に置かれている」という理由を挙げた（堀川 2022）。人格を有する、経済的にも対等な存在として認めてもらおうとする意気込みが伝わってくる。

「人」と「格」

ただし、ベルサイユ条約の引用を含め、上記の主張はあくまでも当時の先進的な考え方を表したものである。その考え方を実現するには、現実の壁が高すぎた。すでに述べたように、大企業において労働組合を認めさせ、それと経営との間に団体交渉を持たせようとした目標は頓挫した。代わりに、労働組合を認めず、労使の間に「懇談」をする労使懇談制度を設立する動きが広がった。なお、働く女性は、同一賃金をもらうどころか、低賃金と家事労働を一身に背負う苦労を強いられた。

このような現実のもと、人格承認要求は、その志向を変えるようになる。人格承認要求は、もともと「権利」と「価値」の両側面を含むものであった。一九一九年の友愛会宣言が、「労働者はただ賃金相場によって売買せしむる可きものでは無」く、「また、組合の自由を獲得せねばならぬ」と訴えたように、彼らは、自分の「価値」を社会的に認めてもらうことと、自ら組合を作る「権利」を同時に要求したのである。しかし、日本の特に大企業労働者は、やがて権利よりは価値のほうに重点を移すことになる。

この変化を説明するために、本書では便宜上「人格」を「人」と「格」に分け、日本の労働者は、「人」から「格」へと要求の重点を移したと解釈する。むろん、人間にとって「人格」そのものは統合されたものであるが、概念的には二つの側面を併せ持つものととらえられる。一方では、人間の普遍性が宿るものであるが、他方では人間の個別的な自由を含むものとされるのである。この二重性と部分的に重なるが、本書では、人格承認要求がより普遍的な権利の承認とより個別的な価値の承認を同時に求めたとみる。この際、「人格」を「人」と「格」に分けると、「人格」の有していたこの二重の側面をとらえやすくなる。そこで、両者を分離し、「人＝人(人間)の尊厳＝権利」と「格＝格(自分)の評価＝価値」とするのである。このとらえ方によれば、日本の労働者は、徐々に前者から離れ後者に向かうこととなる。

これには、前の節でふれたように、権利の保障がなかなか進まないことが影響した。よって、日本の労働者が、権利の追求においてある種のあきらめを感じ、価値の評価にエネルギーを注ぐようになったのは、やむを得なかったともいえる。ただし一方で、労働者自身にも理由があった。もともと人の尊厳より格の評価に重きを置く下地が作られつつあったのだが、それをより推し進める方向に走ったのである。

「格」の評価

たとえば、一九二〇年に国鉄に創られた「大日本機関車乗務員会」は、その「(発会)決議」において、「一、建国の大義に基き吾人の責任を闡明にし地位の擁護を期す。二、人格を尊重し時勢に順応したる経済的生活の改善と精神の向上を期す」と謳っていた。「人格を尊重」というものの、主に「格の評価」に重点を置き、その向上を目指していることがわかる。留意すべきは、この格の向上は、単に労働者の志向するところに止まらず、現に実現されていったことである。

戦前、日本の経営体が身分的秩序を有していたことは広く知られている。典型的には、組織ピラミッドのうえから、社員―準社員―職工―組夫となっていた(氏原 1959)。社員が上級の事務技術職、準社員が下級の事務技術職、職工が普通の生産職、そして組夫が構内請負(つまり間接雇用)の形で運搬などに従事した人である。これらの身分は、学歴とおおむね連動していた。

社員が大卒あるいは専門卒、準社員が旧中学卒、職工が高等小学卒、組夫が尋常小学卒である。このいわば学歴身分制が、お金がないがゆえに進学できなかった有為な青年の憤懣《ふんまん》の的であったとよくいわれる。ただし、学歴身分制が差別の温床だとしても、身分間に渡れないほど断層があったわけではなかった。実際には、学歴の壁を越えた昇格が少なくなくみられたのである（市原 2022）。

国鉄の例をみよう。この時期、下級のホワイトカラーは「雇員《こいん》」（上記準社員の下層に当たる）という身分に、大多数のブルーカラーは「傭人《ようにん》」（上記職工に当たる）という身分に格付けられていた。第一次世界大戦前、従業員全体のなかに占める比率は雇員が二割強、傭人が七割弱であった。傭人が圧倒的多数であったことがわかる。それが、格の向上（この場合は、身分の上昇）を目指す運動により、一九三六年には雇員が三九％、傭人が四六％を占めるようになった。雇員より上の身分（判任官・高等官など）を含めると、組織の過半数がホワイトカラー身分となったのである。

格の向上の正当化論理

では、労働者たちは、自分の格を高める動きを、どのように正当化したのだろうか。表1－2をみよう。これは、一九二四年から一九二六年にかけて可決された、国鉄の現業委員会（労使懇談制度の一種)の決議事項のうち、昇進(この場合は、傭人から雇員への登用など身分上昇を含む)の方法に関する決議を分類したものである。まず注目を引くのは、「画一」の方法で昇進を要求する件数が四〇件で、全体の三〇%を占めていることである。経営側の裁量権が強かったこの時期に、「勤続年数だけ」「一定条件の全員」という要求を提出したこと自体、意味あるものといえよう。なお、「選別」を容認するも、「勤続+技倆/成績」というやや画一に近い方法で昇進を求める件数は合計五八件で、全体の四四%を占める。表には出ていないが、これらの要求に付せられた「理由」を含めて考察すると、当時のブルーカラー労働者は、一定以上勤続を積み重ねることで得られる技量と態度(「成績」は、欠勤しなければ、つまり勤勉な態度をとっていれば、おおむね得られるものであった)は、ホワイトカラーの学識に比肩できる要件と考えていたことがわかる。これこそが、当時の正当化論理で

表1-2　昇進の方法に関する労働者の要求(1924〜1926年)

昇進の方法		件　数
画　一	勤続だけ	13
	一定条件の全員	27
	小　計	40
選　別	学　歴	0
	教習所	6
	試　験	16
	勤続+人物	0
	技術・技倆	17
	成　績	39
	品　行	2
	技術・技倆	6
	成　績	5
	小　計	91
計		131

出典:禹(2003)101頁

あった。

女性の格は？

この時期、農村女性を除くと、働く女性の多くは女工として製造業で働くかあるいは商業に従事していた。ただし、その数はあまり変わらなかった。一九二〇年から一九三〇年まで、第二次産業と第三次産業に働く女性は三八二万人から四一〇万人に増えたに過ぎない。にもかかわらず、その働き方は相当の変貌を遂げた。もっとも顕著だったのは、共働きの減少である。いわゆる都市下層に属する世帯において仕事に就く妻は、明治中期には圧倒的多数派だったが、大正末から昭和初期にはすでに少数派になったという(中川 1985)。これは、「共稼ぎとは卑しみと同義語」という雰囲気のなか(平野・平井 2010)、妻は家庭で家事・育児を担うべきとする中流の社会通念が労働者層にまで波及したためであった(千本 1990)。

こうして多くの女性が、たとえ中等教育を受け一時期は事務職員として就職したとしても、結婚すれば家庭に入るパターンが形成された。これは女性労働者自らが選択したものとは単純にいえない。この時期、企業は女性労働者の早期退職を制度化していたからである。たとえば三井銀行が女性を「臨時雇」として採用し始めたのは一九三四年だが、その時、女性の定年は「満二〇歳」で、正規職員に準ずる「女性事務員」としての採用に踏み切った一九三八年においても、その定年は「満二二歳」であった。以後、少しずつ延長されたが、敗戦直後の一九四五年九月においても満三〇歳でしかなかったという（若林 2007）。一方、国（内務省）も、一九三六年に女子労働者の結婚退職はやむなしと結論づけ、退職手当の支給を認めている。女性は、制度と意識の両側面から、働く場において自身の格を高める機会を封じられたのである。

強制された平等のなかで

第二次世界大戦は、戦う国同士に総力戦を強いた。日本も例外ではない。可能な限りの資源を動員しなければならず、そのためには、国民としての平等を強調する必要があった。一九四〇年、企画院は「勤労新体制確立要綱原案」を作成した。そのなかで勤労は、「資本増殖、個人生活ノ手段」ではなく、「国家性、人格性、生産性ヲ一体的ニ具現スル国民ノ奉仕」であり、「皇国ニ対スル皇国民ノ責任タルト共ニ栄誉」であると規定された。

この節の冒頭で紹介した日本鉄道会社機関方の主張を思い出してほしい。彼らは「責任に相応する名誉」を要求していた。しかし、労働者一般に関する限り、この要求は実現できずにいた。それを、ここにいたって、国家がそのニーズを受け止め（「責任タルト共ニ栄誉」）、積極的に活用しようとしたのである。結果、働く人はすべて栄誉ある勤労者であり、経営者・職員・職工を問わず、皆が「生産経営体」の一員であると位置づけられた。そして、勤労者にはその生活を保障すべく、「生活給」が与えられるべきとされた。

この流れのなかで、少なくない大企業において「職工」は「工員」と名称変更された。職分は異なるものの、事務技術をつかさどる職員も、現場作業に従事する工員も、同じメンバー(「員」)として認められたのである。より先進的な大企業では名称の変更だけでなく身分の差も縮められた。八幡製鉄ほかが合同して設立した日本製鉄では、戦争末期にいたって、工員のなかに「工手一級・工手二級・工手三級・(普通)工員」という四等級の工員資格制度を設けた。従来、職員だけに与えられてきた「資格」が職工にも与えられた点で、画期的なものであった。一方、国鉄の場合は、一九四五年七月、傭人制度自体を廃止し、雇員と傭人の身分を単一化した。

ただし、この平等は、二つの点で限界を有していた。一つは、戦争動員のためにうえから強制された性格が濃く、働く者の自律に依拠しなかったことである。「人の尊厳=権利」という考え方は退けられ、なお、実際の制度運営においては管理側の統制がむしろ強まったため、平等に内実は伴わなかった。もう一つは、女性を平等の埒外に置いたことである。むろん、女性も大事な資源であるゆえ、国も神経を尖らせた。一九四〇年、国民徴用令を改正し、女性も徴用の対象とした(当分は猶予)。代わりに、家族手当を制度化し、子育てをする女性を気遣った。一九四一年には「国民勤労報国協力令」を出し、自発的な奉仕という形で、二五歳までの未婚女子を対象に勤労報国隊を編成した。やがて一九四三年には女性で代替できる職種への男性の就業を禁じ、「女子勤労動員ノ促進ニ関スル件」をもって女子挺身隊を組織するにいたった。

こうして多くの女性が働く場に参入し、従来より高度な仕事に携わるにつれ、男女間の賃金差は縮まった。全工場を例にとると、以前は女性の賃金は男性のそれのほぼ三分の一であったが、戦争末期にはほぼ二分の一にまでなったという(大原社会問題研究所『日本労働年鑑 特集版 太平洋戦争下の労働者状態』)。

しかし、これがすなわち、働く女性が人並みとして認められることは意味しなかった。制度的な差別は厳存し、賃金統制令による最高初任賃金では、女性は男性の七割強を受け取れるに過ぎなかった。一九四〇年の大都市部の例では、男子は一八歳以上一九歳未満で一四三銭、一九歳以上二〇歳未満で一五六銭であるのに対し、女子は一八歳以上二〇歳未満で一〇九銭と定められた。一方、子どもを持つ母親は原則として労務動員されなかったが、生活上の理由により工場で働く者は少なからずいた。この女性たちは、重労働を要する職場で働き、その労働条件は未婚女性よりむしろ過酷であったという(堀川 2022)。にもかかわらず、彼女らに国が配慮することはなかった。承認にかかわる多くの課題は、戦後に持ち越されたのである。

三　権利なきなかでの要求

暮らしの場の生成

近代化・産業化の過程で、日清・日露戦争期から、日本の都市においても人口が増加した。人口が増加すれば、街並みも変貌する。商店街が発展するなど暮らしに役立つ変化もみられたが、生活用水の調達や下水処理など、生活環境を損なう問題も生じた。そのようななかで、都市において、村落とは異なる、家族の外側に広がる暮らしを支える諸団体が形成された。それらはどのようなものだったのか。

最初に、市制・町村制によって定められた地方公共団体について述べておこう。地方公共団体の事業により、教育や衛生、土木に関する整備が徐々に始まった。もっとも当時の地方公共団体は、自治的な性格が弱かった。市町村長は現在のような公選制ではなく、市会・町村会議員も一九二六年の市制・町村制改正までは制限選挙によって選出された。戦前の地方財政は財源が乏しく、人びとの暮らしに関わるインフラ整備を積極的に行うことは難しかった。一九二〇年において、地方財政(普通会計)歳出総額九億六三〇〇万円のうち、小学校の費用が含まれる教育費の割合がもっとも高く二億六三〇〇万円(全体の二七%)だったが、土木費は一億七二〇〇万円(全体の一八%)、衛生費は六八〇〇万円(全体の七%)だった(三和・原編 2010)。第一次世界大戦後は、急速な人口増加と相まって、上下水道や道路整備などにかける費用が増加し始めた。しかし、それらもまだ、市中心部での事業が開始される段階だった。

一方、都市生活を実際に支える機能を有した中間団体も、暮らしの場において重要な役割を果たした。「町」や衛生組合、方面委員制度などが、それにあたる。たとえば「町」は、戦時期に町内会として整備されることで知られるが、それ以前から、行政補助機関として存在していた。警防、衛生、祭礼など多様な機能を有しつつ、徴税などの役割も担った。町総代には、種々の業務に精通し名望のある男性の有産者がなるのが通例であった。一例を挙げれば、戦前の静岡市では、一九二三年に、「町」を基礎とした市の行政補助組織として静岡市総代会が設立された。規約上は、「市内各町総代を以て組織す」とのみ規定されているが、設立当初の市総代会幹事は、氏名からみてほぼ全員男性であったと推定される(『静岡市史資料三〇　総代之起源及沿革』)。社会事業を担う方面委員に関しても同様で、一九二〇年代から女性が委員に就く場合がみられたが、少数であった(海保 2012)。他方で、日露戦後には政府が推進した地方改良運動の実施過程で各地に婦人会が設置された。女性は、婦人会を通して暮らしの場に関わるように誘導されていった。

このような暮らしの場を支える団体の性格を大きく変えたのが、前述した一九二六年の市制・町村制改正による地方議会での男子普通選挙制であった。これによって、男性労働者の代表が市議選に立候補し、当選するケースが全国的にみられるようになったからである。当時新興工業都市であった川崎市では、一九二八年、男子普選による市会議員選挙で、社会民衆党所属の四名が当選した。彼らは「権利の承認」を得て、都市の自治の担い手に自らも名乗り出て、市会において対等に議論するようになった。市の土地買収をめぐる利権問題を追及する一方、労働者に必要な交通や医療・衛生に関する都市公共施設の整備や失業対策を市に要求するなど、市政に新たな風を吹き込んだ(加藤2003)。

しかし、第一次世界大戦後における新たな動きは、男性労働者を中心としたものだけではない。「価値の承認」を求める女性の動きも存在した。「権利の承認」として婦選を要求した彼女らは、同時に、女性団体などを通じて「価値の承認」を強く求める運動を展開した。そのことを通じて、彼女らは自分の価値を人並みとして認めさせようとしたのである。

女性と人格承認要求

暮らしの場における女性の人格承認要求をめぐる事態は、働く場に比べ複雑だった。働く場では、雇用関係にある労働者が、使用者によって人格を認めてもらえないことに異議をとなえるものだった。これに対して、暮らしの場において、女性が家族の外に出て活動することは、自明なことではなかった。「家」では、家父長である夫との人的関係が存在し、自由に活動することと自体、難しかった。すでに述べたように、地域社会における中間団体も、主に家長である男性中心の地域団体として構成されていた。「権利の承認」を得られなかった女性は、家族と地域社会双方において、自らの人格承認を主張せざるを得なかったのである。

そのようななか、地域の女性団体において、末端で行政の補助を担うだけでなく、自らの承認要求を行う者が現れるようになった。ここでは、石月静恵、藤目ゆきの研究によりつつ、多様な女性団体が結集し一九一九年に第一回大会を開催した全関西婦人連合会を取り上げよう(石月 1996、藤目 1988)。同会の会員数は、三〇〇万人にのぼったことで知られる。参加したのは、地区婦人会のリーダー(女性教員など)、高等女学校や女子大学の同窓会関係者、宗教的背景を持つ団体(日本キリスト教婦人矯風会や仏教婦人会)関係者などで、職業を背景とする者の割合は小さいという。一定以上の教育経験を有する新旧中間層が、中心だった。

同会が発行した月刊の会誌『婦人』においても、切実な人格承認要求を読み取ることができる。兵庫県の赤松やをは、男子普通選挙法が議会で可決された直後に、以下のように述べた。

女子が参政権をもてば家庭を外にし、家庭の円満を欠くとか、男子に反抗する為めであるとかいふ人がありますがなんでそのやうな目的から参政権を望みませう。一国の治安、一家の平和の為めに獲たいこの権利です。どうか女子を道具扱ひにせぬやうに、人間として認めてほしいと言ふのです。／これ程悲しい、またこれ程真剣な願いがあるでせうか、幾百年の間女子は屈辱的生活と血涙に彩られた歴史のなかで生活をつゞけてきたことでせう。霊も肉も男の為に虐げ尽くされた女の目覚めた叫びの声です。それをまだ足りないで何処まで忍べと言はれるのでせう。／至難の事業として取扱ってはゐられるが何が難しいのでせう。女も社会を形造る一人として認めて欲しいといふのが無理でせうか。（二巻六号、一九二五年）

ここにみられる要求の内容は、男性労働者が語るそれとは異なる。「女子」が「屈辱的生活と血涙に彩られた歴史のなかで生活をつづけてきた」ことを挙げ、男性中心の社会に対して、女性も「人間として認めてほしい」と主張した。この点は、働く場における男性による人格承認要求とは異なる点である。同時に、「女も社会を形造る一人として認めて欲しい」という主張、すなわち参政権を求める主張もなされている。この文章の最後に、赤松は「婦人を昇格さして国家の一員と成る為めに励みませう」とも述べ、国家の一員になることを切望した。赤松は、男性によって従属的な生活を強いられてきたことを意識し、男女不平等の問題を取り上げつつ、女性が、家族を超えた社会や国家を担う成員として承認されることを求めたのである。

暮らしの場への働きかけ──「社会財」を求める

人格承認を要求した女性たちは、選挙権などに関する権利獲得運動とともに、暮らしに関する具体的な要求を行った。この要求こそ、「価値の承認」を求めるものであった。全関西婦人連合会は毎年大会を開催し、各地の団体は多様な議案を持ち寄った。多かったのは、「廃娼・禁酒」、「経済・生活改善」、「公民教育・女子教育振興」などであった。一九二四年から一九二七年までの議案を『婦人』でみると、教育については、高等女学校の設立など、女性の教育機会を増やすことを求める建議が採択され、一九二五年には岡山県や広島県で高等女学校が建設された事例が報告されている。教育への関心の高さには、新旧中間層が運動の担い手だった点とともに、男女不平等是正への強い意志が確認できる。一方、一九二五年の全関西婦人連合会代表者会では、下水道設備の整備(京都婦人連合会)や、植樹の促進(神戸婦人連合会)なども提案された。

ここで注目したいのは「人生にとって必要かくべからざる食物に直接たずさはる婦人としては食物と密接なる関係ある下水道および排泄物浄化の完全なる設備」を求める主張である(京都婦人連合会、二巻一一号)。「食物に直接たずさはる」とは、要求内容からみて家事に携わる意味での表現であろう。女性が家事に携わることを強調すれば性別役割分業を自ら認めることになる。しかし、このことの強調は、女性が家族の外側で活動する際の正当性になる。ここに、「価値の承認」を読みとることができる。

本書では、学校や生活インフラのように、家族の外側で、人びとの暮らしに必要な施設を、「社会財」と総称する。戦前期においてこのような要求は限定的だったが、戦後の暮らしの場において、自らを承認してもらおうとする際に、社会財は、テコの役割を果たす。

しかし、一九二〇年代におけるこれら女性の要求には限界があった。一九二〇年代における『婦人』では、「全関西婦人連合会の対議会運動」という特集記事が組まれた。これは、東京の婦選獲得同盟とともに衆議院や貴族院の議員らに法律案や請願を託すための諸活動を報じたものであった。誌面からは、議員らとの面会すら難しく、議会開会直前に面会が可能となる場合もあったことが読み取れる。参政権が認められていない女性が国に働きかける活動は、請願活動中心にならざるを得ず、それは容易なことではなかった。すなわち、会の女性たちが議員らと対等にふるまうことはできなかったのである。

女性の修養とその内容

このような状況のなか、社会的に対等と認められるためには、女性自身の修養に基づく地位向上が必要という主張もみられた。この点は、働く場での男性労働者の動向と似ている。

一九二五年一〇月における全関西婦人連合会代表者会において婦人参政権の要求が満場一致即決したことに対し、『婦人』では否定的な意見もみられた。広島県呉市からの一参加者は、以下のように述べる。「まだ〳〵社会婦人の先に立って参政権などを叫ぶ時ではありません。(中略)男子をして社会の第一線に立たしめ後顧の憂ひなからしむるやう家事、経済も大切なことです。なほ大切なのは子女の教養です。参政権を与へられて辱かしからざる婦女を育て社会へ送り出さねばなりません」。同じく呉市の別の参加者は「一つの婦人会の統一や発展すら否々自己一人の向上にすら不十分なる力もて、やれ国際親善、やれ婦人参政権、やれ何々のと外容のみ調べたとて何の価値が御座いませう」とも述べた(二巻一二号)。

権利獲得以前に、女性一人ひとりにとっての自己の向上が必要であることを強調していたことがわかる。

一九二五年六月の『婦人』の巻末記事「編輯者の机」は、読書や聴講に関して、男性に比べ女性は「まだ〳〵かゝる習慣は出来てゐないといはざるを得ない」と指摘している。さらに「衣服の仕立方とか、食物の調理法とか、又は小説とかいふ方面の読書乃至聴講は相当に行はれてゐて、是等の中の或ものは素より至極結構なことでありますが、今日以後総体としての婦人が大にその力を発揮せねばならぬ社会人としての修養と称することは出来ない」として、「そこで、国家の一員、社会の一員として、今日以後我国の婦人が大いにこの方面の読書乃至聴講に身を入れて掛らねばならぬ」と論じた(二巻六号)。

呉市からの参加者の議論は、男子普選の実施に向けての家族内部における女性の役割(=「家事、経済」)を強調した。これに対し、「編輯者の机」では、家事に関わる修養ではなく、男性と同様に「国家の一員、社会の一員」として読書と聴講が必要とした。家族の一員か、国家の一員か。社会に対する意識の差異が、修養の内容に違いを生み出したといえよう。このことは、女性が人格承認を訴える場合に、家族のなかでの承認と、家族の外での承認という、二重の承認を必要とした問題と密接に関係する点で重要である。女性は家族の中での自身の価値と、家族の外での自身の価値双方に関心を払わざるを得なくなった。家事の意味を強調して人格承認を求めれば、自ら性別役割分業的な観念に縛られてしまう。

女性による婦選時期尚早論や修養論は、このような当時の女性が置かれた複雑な位相のなかで表現されたものであった。そのため、人格承認要求のエネルギーは、団結して権利を獲得する方向に単純には進まなかった。個人の修養の方向も複数の方向に向かうことになった。ここに、男性労働者の人格承認における「格の向上」との相違点が現れていた。

働く場での「格の向上」と暮らし

新旧中間層に位置する女性たちが、婦人会を通して新たな暮らしの場を築こうとしたのに対して、これとは異なる道筋もみられた。働く場での「一人前」形成同様に、ブルーカラーによるホワイトカラー的な暮らしの創出(そのための格の向上)が目指されたのである。重工業大経営に勤務する労働者家族の活動が、それに当たる。大門正克や加藤千香子の研究によれば、一九二〇～三〇年代において、新興工業都市として発達した川崎では、生活の多くの部分を労働組合が設置する消費組合に依拠する労働者家族が登場した。川崎の総同盟婦人部では、研究会や編物講習会、茶話会などを開催した。これらには、女性が主に家事を担う新中間層の生活スタイルが反映されていた(大門 2003、加藤 2003)。

こうした労働者の暮らしに関する事柄を掘り下げてみていこう。生活スタイルの変化について、ある座談会で労働者自身が次のように語っている(全日本労働総同盟 1936、この座談会は男性労働者によるもので、妻が働いているかどうかは不明である)。川崎の新興住宅地(小向)では周りの多くは中等の俸給生活者で「私の職工という地位を軽蔑して、顔を合せても話もしなかった」。「それ等の人達の奥さん連中が集って、聞えよがしに蔑視の言葉を投げかけられる」などの差別を受けたが、労働者の生活が保障されるようになると、「私の妻などに対して言葉も交わさなかったものが、奥さんと呼ぶ」ようになり、近所交際を行うようになった。生活上の変化としては、冬にオーバーを着るようになったことや、余暇にスポーツ(女性組合員は裁縫、生花)を行うようになったこと、組合が消費組合を設立し順調に発展したことなどが話題にのぼった。余暇の過ごし方に組合が関心を持っていた点に、組合が暮らしの場における「格の向上」にも射程を広げようとしている様子が読み取れる。また、女性組合員の余暇を裁縫や生花としている点に、性別役割分業を前提としていることも確認できる。

ここで注目したいのは、会社側と団体協約を結び働く場のなかで労働者が一人前として認められたことが、生活にも影響を及ぼしたと、労働者自身が強調している点である。座談会の参加者の一人は、「生活が安定し、将来に対する不安がないといふことが、人格的に相当影響してゐる」と述べた。

ただし、これらの話を、性急に一般化することはできない。同じ時期の製綱労働組合川崎支部の女性労働者の手記には、夫婦共稼ぎの暮らしが描かれている(総同盟婦人部機関誌『労働婦人』一九三〇年一一月号)。確かに組合婦人部の研究会、講習会、茶話会への参加や、製綱労働組合消費組合の話は登場するものの、この手記で強調されていることは、日々の生活の忙しさであった。朝の弁当作りと水汲み、仕事の合間の休憩時間を利用しての作業服の洗濯、帰宅後の夕食の準備と夕食後における翌日の食事の準備と洗濯、裁縫など、一日が工場での仕事と家事で追われている様子が描かれている。働く場が目指した生活スタイルと、現実の共稼ぎ夫婦の生活とにはなお大きな隔たりがあった。

こうした隔たりにもかかわらず、働く場が暮らしの場を規定していることがわかる。戦後、この構図は再びみられるようになるが、これらの語りにはそれが先駆的に表れている。

「非常時」の承認要求

一九三〇年代に入ってからも、女性参政権は帝国議会で審議されたが、貴族院を通過できず、実現には至らなかった。そのようななかで重要な意味を持ったのが「満州事変」の勃発であった。全関西婦人連合会では、「満州事変」を「非常時」ととらえ、この機に運動を行うことで、自らの存在を認めてもらうことを試みた。その一つが「塵芥《じんかい》清掃運動」である。

一九三三年二月、同会は、大阪市関係者や大阪朝日新聞関係者を招いて、研究座談会を開催した。その記録には、「婦人でなければ出来ない仕事を見出したわが全関西婦人連合会では『自分たちの力を試めし世に示す好機来れり!』と、全国に魁《さきがけ》して大阪市清掃運動を起しました」と記されている(『婦人』一〇巻三号)。

「塵芥清掃運動」は、女性参政権獲得運動の行き詰まりとの関わりで、提起された。「目下の社会の情勢は徒らに婦選を叫んで議会に請願書の山をかつぎ込むよりは、先づ婦人自身をもつと教育することゝ婦人の実力を自治制の上に反映せしむることが最も適当なる運動であるとなし、市の塵芥清掃運動を盛んに起し」たという(一九三三年一一月における全関西婦人連合大会活動報告、『婦人』一一巻一号)。議会での請願活動の限界を認識し、女性自らの「教育」と女性の「実力」を認識してもらうことの重要性を指摘している。

女性の「実力」を自治制に反映させる場合に、その対象となったのは市行政であり、市会ではなかった点も重要である。議会制度に基づく政治的要求ではなく、比喩的にいえば〝行政と台所とを直結〟させようとした。前述した研究座談会においても、招待しているのは市当局であって、市会議員ではない。市当局も、塵芥収集に関する業務について説明しつつ、会の活動を好意的に受け止めている。承認要求を行う主体(全関西婦人連合会)と要求を受け止め承認する側(市当局)の双方の関係が成り立つ様子が、この座談会にはうかがえる。

一九二〇年代における女性たちの承認要求のエネルギーは、権利獲得のために団結する方向(権利の承認)と、社会財を要求しながら個々人が修養する方向(価値の承認)の二つに分かれた。一九三〇年代になると、参政権(権利の承認)は認められなかったため、「価値の承認」(この場合は、塵芥を減らす家事の担い手としての価値の承認)を目指す運動を展開し、その結果市当局との関係が深まった。その分、議会制度との関係は弱まっていった。むしろ「価値の承認」を体現することの運動を通じて「男性支配の自治制のみが至上なものではないことを男子に自覚せしめ」ることを目指したのである(一九三三年一一月四日全関西婦人連合大会における錦織久良子の発言『婦人』一〇巻一〇号)。

このような運動は大阪市に限らない。全関西婦人連合会に参加する主要団体がこの動きに追随するとともに、ほぼ同時期に東京においても市川房枝らによって同様の動きがみられた。政治史的に重要なことは、このような女性たちの運動が、一九三六年における選挙粛正運動の一つである「愛市運動」に取り込まれていった点である（源川2007、進藤2014）。「非常時」を利用し、議会を批判しつつ、台所と結びつく塵芥の減少を求める運動は、市当局にとっても好都合であった。行政サービスのサポートを通して「価値の承認」を得ようとした女性団体の試みは、地域の戦時体制を推進していくことにつながった。

暮らしの場の統合と「働く女性」への関心——戦時期の変化

日中開戦前後になると、婦人会独自の活動は難しくなっていった。全関西婦人連合会は、団体として敗戦時まで継続したが、その活動内容は大きく変化した。一九三七年に『婦人』は終刊となり（後継誌『婦人朝日』は一九四二年に『週刊婦人朝日』と改題し一九四三年に終刊）、同年以降、毎年の大会は「非常時大会」として実施され、その内容は戦時国策に協力するための内容に傾斜していった。一九四二年以後は、「非常時大会」も開催されなくなった。一九四二年は、政府主導で、全関西婦人連合会と、愛国婦人会、大日本国防婦人会、大日本連合婦人会の各婦人会が統合され、大日本婦人会が結成された。アジア太平洋戦争の開始により、暮らしの場に関わろうとした女性団体の強権的統合がなされたのである。

この時期の婦人会の活動は、「塵芥清掃運動」を展開した「満州事変」期の活動とは異なるものであった。確かに、日中全面戦争後においても、台所は主婦らの主要な関心事の一つであり続けた。そのことは一九三九年度の全関西婦人連合会「非常時大会」の議題の一つ(「銃後の家庭生活刷新」)からうかがい知ることができる(石月 2020)。しかし、女性の側からの運動としての性格は弱まった。むしろ、一九四一年における日本生活科学会の発会に示されるように、大河内一男らの学者や知識人によって、「生活」は総力戦を構築していく上で必要不可欠な要素として位置づけ直された。そして、氏家寿子や羽仁説子などの知識人女性がそのことを受け止め、自らの主張や実践に取り入れていった(有馬 2002)。

その一方で、一九四〇年代初頭にみられたのは、「働く女性」への関心である。戦時経済体制のもとで、多くの軍需工場では人手不足に陥り、労働力として「家庭婦人」がターゲットとされた。当時の女性誌には、都市部における女性の働くことへの関心や、働く女性に対する支援(託児所設置など)などの記事がみられる。

たとえば、奥むめおは「何といっても働く生活をもつ人々は婦人生活の革命児です。運命的な重荷を負ふ生活ではありますが、この際銃後の第一線の将兵となって敢然起ち上らねばなりません」と論じている(『婦女新聞』二二一七号、一九四一年)。中本たか子は、「このしがない細腕二本で働くことをもって銃後の奉仕ができ、しかも家庭生活を考慮した、午前十時から午後三時までのまことに都合のよい時間だけをそこで過ごせば、立派に国家の重要な生産力の一端となり得るとは、うれしく、また合理的な施設であると、私の胸は、はやわくわくする思ひに満ち、働く力をよび起して来た」、「その賃銀も、自分の力で働き出したものとして、家計をゆたかにし、自分が安易に良人の勤労に頼ってばかりゐない賃銀となって、自分のいのちを輝かすのだ」と記した(「職場ルポルタージュ　太陽となる婦人群」『婦人朝日』一七巻一二号、一九四〇年)。

これらの記述には、プロパガンダの性格が含まれる点に留意する必要があるが、「働くこと」の価値と魅力、そしてそれによって夫の収入のみに頼らずに暮らすことができる点を女性自らが描いている点が特徴といえよう。当時、厚生省工場監督官補を務めていた谷野せつも、女性の職場への進出に関して、「女子の大きな責任と負担ではあるが、今後、女子の地位を強める上からは、よき転機ともなる事であらう」と位置づけた(『婦女新聞』二〇八三号、一九四〇年)。

婦人会などの中間団体が統合され上意下達機関となるなか、女性の関心は「暮らす」ことだけでなく「働く」ことにも向かった。しかし、前節で述べたように、働く女性が人並みとして認められることはなかった。暮らしの場での活動を抑制されるなかで、働く場を通じて「格」の向上をはかり自ら価値ある存在であることを確認し、承認を得ようとした女性の主体性は、男女間の賃金差をともないつつ総力戦のもとで国策に組み込まれていった。

四 「お国のため」の社会――小括

「人」より「格」

明治以降、日本は産業化による近代化に励んだ。製造業を中心とした第二次産業が全体のなかに占める比重をみると、各産業が生み出す付加価値基準では、一八八五年一四・七%に過ぎなかったのが、一九〇〇年二一・二%、一九二〇年二九・一%、一九四〇年四七・四%と、全体の半分に迫るようになった。就業者数基準では、一九〇六年一六・一%に過ぎなかったのが、一九二〇年二一・三%、一九四〇年二五・六%と増加した。一九四〇年にはすでに農林水産業に働く就業者の比率(四三・六%)が半分を切り、産業構造は近代的なものに変貌を遂げた(経済企画庁『平成一二年度年次経済報告』)。雇用が中心となる時代が切り開かれたのである。生産と消費の構造が企業中心に変わるにつれ、男性が主に働き、女性が主に家事を担うという性別役割分業が徐々に広がった。

では、雇われて働くこととなった人たちは、どのように人格承認を要求し、それを勝ち取っていたのだろうか。図1-1をみよう。これは、働く人の立場からみた人格承認の動きを概念的に示したものである。人格承認要求が、人の尊厳(=権利)と格の評価(=価値)という二つの側面を有していたことはすでにみた。この二つの側面は互いに影響を及ぼす。権利における承認(たとえば、組合結成の自由)が進むと、それは価値における承認(たとえば、労働者の処遇)の地平を広げる。一方、価値における承認(たとえば、ブルーカラーを企業構成員として認める)が進むと、それはさらなる権利の承認(たとえば、経営協議の協約化)を促す。よって、人格承認を求める運動が発展し、承認が順調に得られたならば、それは、両側面を併せ持つベクトル(中央の点線)の方に進むはずである。しかし、人びとが歩んだのは、格の評価(=価値)に傾くベクトル(左側の実線)の方だった。

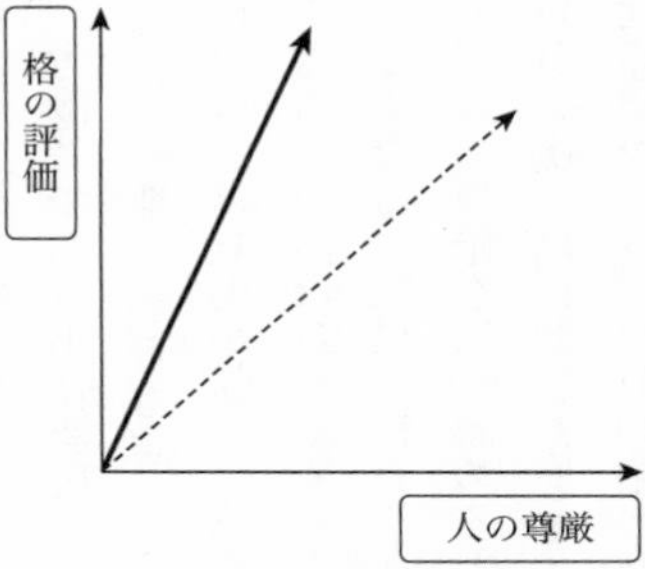

図1-1　戦前における人格承認要求の概念図

国家の性格

人格承認の進むベクトルを規定したのは、この時期統制力の強かった国側であったといえる。

もともと「人格承認」を要求したのは日本社会を構成する多様な人びとであったが、国家は、たとえば働く者が互いに認め合って、それをテコとして使用者と対等に話し合うことを認めなかった。働く場において、労働組合と小作組合は、その存在自体は否認されなかったものの、法認されることはなかった。

労働者であれ小作農民であれ、承認の第一歩は自ら集まる(組合を作る)ことだが、次に相手(経営者や地主)からも認めてもらわないといけない。これは話し合いを前提とする。経営者や地主は通常立場が強く、彼らが話し合いを避けると、労働者・小作農民は承認の機会そのものを得られなくなるが、働く人の団体が法律で認められれば、経営者も地主も逃げ回ることはできなくなる。結果、社会的な承認が広がるのである。戦前において、国はこれをせず、結果として人の尊厳を広く認めるという権利のベクトルは制約された。そのためたとえば労働者は、自分の働く場に閉じた形で、自分の価値を認めてもらうほかなかった。そこで、「格の評価」に重点を置き、自分の格の向上を目指したのである。

このような構図は、暮らしの場においてより顕著だった。制度面において、地方公共団体における自治的性格は戦後に比べてはるかに弱かった。そもそも女性には参政権が与えられなかった。人びとが政治的な団体を作る場合には、治安警察法のもとで届け出が必要であった。女性の議会への請願活動の試みもみられたが、話し合いをする機会を得ること自体が、大変困難だった。これでは、人の尊厳に軸を置く承認メカニズムは作動しづらい。

そのため女性たちは、「満州事変」の勃発後には、家事の担い手である点に自らの価値を見出し、「塵芥清掃運動」を進め、市当局者の承認を得ようとした。こうして、戦時期に入ると、価値に対する人びとの承認欲求を各種の官製団体を介して国が直接吸収する方向に突き進む。もともと承認欲求は普遍的なものである。よって、権利へのベクトルを制約したとしても、承認欲求自体を抑え込むことはできない。国家は、人びとの承認欲求を受け止めつつ、それが「人の尊厳」ではなく「格の評価」に傾くように誘導し、国家自身がその承認者になることで、人びとを統合しようとした。その社会政策的な表現が、「生活給」思想や各種保険制度の整備だったといえよう。

以上をふまえると、戦前の国の特徴がくっきりと表れてくる。一つは、「人」の尊厳(権利)に対して消極的または否定的であったということである。もう一つは、人びとを「格」の評価のほうに誘導しつつ、自らその評価者となることで、人びとを直接掌握しようとする傾向が強まったということである。

後述するが、前者の特徴は、占領下の民主化のなかでは薄まったかのようにみえるものの、戦後における日本政府の基本的な特徴としては引き継がれる。対して、後者の特徴のうち、人びとを直接掌握しようとする傾向は、戦後には確実に薄まる。その一方で、人びとを「格」の評価に誘導しようとする特徴は、戦後にも依然として続くことになる。国民国家の統合には承認が不可欠であることに照らすと、「人」の尊厳に重点を置かない限り、「格」の評価をもって統合をはかるしかなく、そちらへの誘導はある意味当然であった。

人びとの営み――狭くて具体的な人並みの追求

目を転じて、人びとの動きをみよう。確かに人びとは承認のために闘争したが、その過程において、国家の性格とパラレルな特徴がみられた。その最たるものは、「人」の尊厳の相対的な軽視である。国は人びとを「格」の評価に誘導したが、人びとはこの誘導を逆手にとった。普遍的な人の尊厳は勝ちとれなくとも、少なくとも自分の「格」の評価だけは認めてもらおうとしたのである。この際、その「格」の評価において、一部ブルーカラーのホワイトカラー化の例でみられるように、その認める範囲は狭く、基準は個別具体的という傾向を有していた。これは、あえていえば、国ではなく人びとが自ら作り上げた傾向で、これが戦前の承認要求のもう一つの特徴となる。

それでは、自分を人並みとして認めてもらう際の正当化の論理を、人びとは何に求めたのか。働く場に即してみると、大企業と中小企業との間に分断が生じていることが注目を引く。

代表的な労働団体だった労働総同盟は、一九二〇年代に分裂を重ねた。そのなかにあっても粘り強く組合を組織し、団体協約を締結したことは高く評価しなければならない。ただし、その範囲は主に中小企業に限られた。日本の近代化を主導した重工業大企業においては、労働組合の代わりに、労使が懇談する「工場委員会」が、働く人にとって主たる話し合いの場となった。その場において主張された正当化論理は、「一定以上勤続を積み重ねることで得られるブルーカラーの技量と態度は、ホワイトカラーの学識に比肩できる」というようなもので、「勤続」が基準となっていることからわかるように、個別企業の範囲に限った正当化だった。また、ホワイトカラーとの待遇差に敏感に反応した、具体的な論理だった。

一方、暮らしの場では、女性たちが社会財たる観念をテコにして、自らの価値を人並みに承認してもらおうとした。皆にとって必要なインフラ等を整えることに貢献するゆえ、社会的に人並みに値するという論理である。ただし、この場合も主に中産層の視点に立脚しており、要求した社会財においても「女学校の設立」など、その範囲は具体的で限られていることを指摘することができる。「女学校の設立」に意義がないということではないが、進学できない人たちが多くいるなかで、より広い意味での社会財(住居、福祉など)について取り上げることは少なかった。同時に、進学への関心の強さという点に、「格」の向上を通じての人並みを追求せざるを得なかった当時の女性が置かれた状況がうかがわれる。

こうして、人びとは、次のような課題を抱えて戦後を迎えることとなった。第一に、権利の承認のうえで価値の承認を勝ち取ることである。第二に、価値の承認における地平を拡大し、かつその正当化論理を新たに構築することである。そして第三に、価値の承認において、それを閉ざされたものとはせず社会に開かれたものにし、「個人↓集団↓社会」の媒介項を適切に設けることで、全体的な価値の統合を円滑に進めることである。以下、章を改めてそのための取り組みをみよう。

第二章　飛躍と上昇——敗戦～一九七〇年代

一　人並みに生きたい——戦後改革と「一人前」

戦後改革と人格承認

敗戦と戦後改革は、国家の政策を大きく変えた。一九四五年、GHQによって治安維持法や特別高等警察が廃止された。国民主権や基本的人権が規定された日本国憲法が公布されるとともに、GHQの指令のもとで、非軍事化、民主化政策が進められた。人格承認要求との関連でみた場合に、戦後改革はどのような意味を持ったのか。ここでは、「家」制度、働く場・暮らしの場における団体形成、少数者の権利保障の三つの視点から述べておこう。

まずは、「家」制度が廃止され、「男女平等」の原則に基づく女性に関する種々の権利が認められたという点が重要である。戦前から主張されていた女性の参政権に関しては、一九四五年の衆議院議員選挙法の改正によって認められた。民法改正により財産の均分相続が定められるとともに、婚姻・離婚や親子関係における女性の地位向上が図られ、刑法改正により妻の姦通のみを対象とした姦通罪が廃止された。労働基準法では、男女同一賃金の原則が規定された。

働く場・暮らしの場における団体形成に関して、働く場においては、一九四五年に労働組合法が制定された。すでに述べたように、戦前において、労働組合は事実上認められていたものの権利としては認められていなかったが、労働組合法の制定によって、労働者の団結権、団体交渉権、団体行動権が法的に認められた。続いて、労働関係調整法と労働基準法も制定された。暮らしの場において重要であったのは、憲法第九二条における地方自治の規定とともに、一九四七年に制定された地方自治法であった。これによって、自治体首長の公選制が認められ、住民による直接請求権も規定された。教育基本法の制定とともに、学校教育法や社会教育法によって教育機会の整備主体として自治体が規定されたことも、重要な意味を持った。

少数者の権利保障に関しては、一九四八年における衆議院議員選挙法改正によって、障害者などに対し代理投票の方法をとることが認められた。投票所に行くことが困難な障害者に対して在宅投票を認める制度も戦後改革期に一旦は導入されたが、在宅投票の悪用による選挙違反が多発したとして一九五二年に廃止されるなど、その後に課題を残した(井上 1989)。

戦後改革により少数者の権利が認められる場合もあったが、同時に数々の問題も存在した。なかでも、日本本土に居住していた旧植民地の人びとは、日本政府の「戸籍」や「国籍」を基準とする政策に翻弄された。女性の参政権を認めた一九四五年における衆議院議員選挙法改正によって、もともと選挙権・被選挙権ともに有していた男子の在日朝鮮人・台湾人は、参政権を停止させられた。同法が日本に「戸籍」がない者の参政権を停止する措置をとったからであった（在日朝鮮人の戸籍は朝鮮、在日台湾人の戸籍は台湾にあり、転籍は認められていなかった）。一方で日本政府は、在日朝鮮人は「日本国籍」を有していることを理由に、敗戦後に各地に設立された在日朝鮮人の民族学校に関して閉鎖や改組の命令を出した。他方で一九五二年におけるサンフランシスコ平和条約の発効を前に、旧植民地出身者が日本国籍を喪失し外国人となったことを表明した（田中 2013）。日本政府は、権利主体として旧植民地の人びとを、適宜排除し包摂しつつ、最終的に外国人として日本国籍を喪失させたことがわかる。

もともとGHQによる憲法草案に明記されていた外国人保護条項は、その後帝国議会で修正され、削除され、法の下の平等を記した日本国憲法第一四条の主語は、国民に限定された。女性の権利に関しても、帝国議会においてそれを盛り込もうとする主張や修正案がなされたが、最終的には盛り込まれることはなかった（古関 2017）。日本政府や当時の保守政党においては、人びとが法の下で平等な「人格」を有する主体であることを憲法の条文に盛り込もうとする考えが、極めて弱かったのである。このような日本政府による人格承認に関する枠組みのなかで、戦後の働く場と暮らしの場は出発することとなった。

「家族単位モデル」の諸政策

戦後改革は、「家」制度を法制度面で廃止し、男女平等を唱えた。しかし、これはあくまでも法の下の平等という次元においてであった。社会的価値の次元を含め、実生活とかかわっては、性別役割分業を所与の前提とした政策がとられた。この時期、性別役割分業は世界的に広くみられたが、日本の場合は男性本位のバイアスが大きかった。

横山文野は、二〇世紀後半の公共政策を時期区分しながら、政府の政策分野ごとに、それらの政策が、夫が賃金労働を担い妻が家事労働を担う「家族単位モデル」を採用しているか、それとも特定の役割のない「個人モデル」を採用しているかを検討する(横山 2002)。一九四五年から一九六〇年代に至る時期においては、教育政策、年金制度、所得税制、ケアワーク、労働政策いずれの分野においても「家族単位モデル」を採用しているという。教育に関しては、中学校をみると、「技術・家庭科」に関して、一九五八年告示の学習指導要領は「男子向き」として主に技術を、「女子向き」として衣食住を中心とした内容を規定した。このような性別役割分業を肯定する教育は、一九六〇年代により徹底されていった。年金に関しては、被用者年金において「被扶養配偶者」という概念が作られ夫婦単位の年金制度が定着したが、この時期に被用者の妻に対して独自の年金権を付与することはなかった。税制においては、一九六一年改正によって配偶者控除の制度が制定された。子育てなどのケアワークに関しても、無償労働が原則で、公的保育は限定的であった。労働政策においても、労働基準法によって同一労働同一賃金が定められていても男女の賃金格差は縮小しなかった。また同法は退職や解雇についての性差別を禁止することを定めていなかったため、結婚退職を迫られる女性が数多く存在し問題となった。

以上の諸政策は、戦後において女性は、政府が提示した「近代家族」の枠組みのなかで対等な関係を模索せざるを得なかったことを示す。そのことの重みは十分に理解されなければならないが、その一方で女性の社会的地位は必ずしも政府の政策どおりに規定されたわけではない。女性の側から、自らをどのように価値づけようとしたのかを検討する必要がある。そもそも、「家族単位モデル」の政策にしても、政府の政策が人びとを包摂するほど積極的ではないものが存在した。高度成長期における政府の福祉政策や保育などの子育てに関する政策は、甚だ不十分であった。一九六〇年代において、福祉や子育てに関する政策は、自治体の政策が先行する場合が多く存在した。大都市における革新自治体の成立は、そのことを示している。そうであれば、中央政府の政策だけでなく、社会との距離が近い、自治体政策にも注目する必要があるし、そこでの承認のありようをみていく必要があろう。これらの点は、節を改めて論じることにしよう。

広域移動と最低賃金

戦後は、戦前以上に急速に近代化が進められた。近代化する社会のなかで普通の人びとが自分の価値を実現するためには、何より雇われる必要がある。第一次産業の比重は急激に減り、代わりに第二次産業・第三次産業の比重がぐんと伸びた。このなかで人びとは、貧困からの脱却とより豊かな生活の追求を「雇用」に求めるようになった。敗戦直後失業対策事業に追われていた政府も、やがて戦後復興が一段落するにつれ、「完全雇用」を政策目標として掲げた。ただし、この目標は、雇用の維持拡大を刺激する政策手段(財政支出など)によって達成されるものではなく、基本的に経済成長を通して成し遂げられるものと想定された。つまり、人びとに「完全雇用」を提供するのは、高度な経済成長に他ならないということである。

問題は、成長し労働力を必要とする企業・地域と、その労働力を提供すべき家計・地域とが必ずしも一致しなかったことである。高度成長は、大企業を中心に、首都圏・中京・関西の地域が主導した。一方、労働力は、北海道・東北・九州など地方に多かった。このギャップを埋めるのが、政府の大きな仕事となったのである。一九四七年末に職業安定法が成立したが、この法は、有料職業紹介事業と労働者供給事業を原則禁止し、職業紹介を国の事業として一元化した。高度成長期に入ると、この公共職業安定所の全国的連携を介して、新規中卒者を広域的に移動させる仕組みが築かれた。地方から首都圏などへのいわゆる「集団就職」である。そして、一九六〇年代にはより強力な「需給調整」が実施された。一方、この時期は高校進学が急激に進み、新規中卒者はなかなか採用できない「金の卵」となった。大企業は、この労働力不足に対応し、新規中卒者の代わりに新規高卒者をブルーカラーの仕事に当てる方策をとった。当時活発に行われた設備投資と新技術導入が、これらに適応しやすい高卒者の採用を後押しした。こうして一九六〇年代を境目に、以前にはホワイトカラーに対してだけ行われた新卒定期採用が、ブルーカラーにまで広がることとなった(菅山 2011)。

むろん、高度成長期といっても、すべての産業が成長するわけではない。衰退する産業もある。代表的には石炭産業や繊維産業である。この場合は失業する人びとの面倒をみる必要があった。政府としては、基本的に産業を合理化し、やむを得ず生ずる失業者については成長産業への再就職を誘導する政策をとった。石炭を例に取り上げれば、石炭鉱業合理化臨時措置法制定(一九五五年)と炭鉱離職者臨時措置法制定(一九五九年)である(丁 2006)。これが一つのモデルになって、高度成長後もさまざまな産業の構造調整に類似した政策手法が使われることとなる。

総じて、高度成長をテコとした仕事の創出とそれに必要な需給調整、これが、この時期の雇用をめぐる政府の主な機能だったといえる。その特徴は、一つには、基本的に「集団」(たとえば、地方出身の中卒者層)に着目しており、個人の希望あるいは個人の抱えている困難には相対的に無関心だったことである。その意味では、個々の社会構成員の価値実現に直接テコ入れをすることなく、社会構成員が雇用を通して価値を実現するために必要な環境整備(端的には経済成長)に集中したといえる。もう一つは、「集団」のなかでは、主として若年層、副として既婚男性失業者層に重点が置かれ、女性には基本的に無頓着だったことである。これは、政府自身、前述した性別役割分業意識のうえに立っていたことを示す。

雇われて働く普通の人びとが自分の価値を実現するためには、雇用の安定のほか、適切な賃金を得る必要がある。これについて、政府は極めて消極的だった。むろん、憲法は、第二七条第二項において、「賃金、就業時間、休息その他の勤労条件に関する基準は、法律でこれを定める」と規定しており、一九四七年に労働基準法が制定された。しかし、最低賃金法はなかなか制定されなかった。もともと最低賃金制度とは、国が賃金の最低限度を定め、使用者は、その最低賃金額以上の賃金を支払わなければならない制度である。視点を変えればこれは、貨幣に現れる一般労働者の社会的価値の最低限を公定するものといえる。その意味では、この公定に国はあまり関心を示さなかったといえる。

最低賃金法が制定されたのは、やっと一九五九年に入ってからのことであった。しかも、当初は「業者間協定」という方式によった。その前の一九五六年に静岡缶詰協会が、協会メンバーの事業所で働く労働者の賃金を業者同士の協定で決めたことが業者間協定の嚆矢《こうし》だったが、最低賃金法はこの方式を取り入れたのである。むろん、法律自体は、業者間協定方式のほか、労働協約の拡張適用方式や最低賃金審議会の調査方式などを認めていた。しかし、実際はほとんど業者間協定方式によって決められた。これは、最賃の決定に労働者の参加が保障されないということのほか、その水準が低いという問題点を有していた。よって、最低賃金の決定プロセスに労働者代表の関与を求めるＩＬＯ条約にも批准ができなかった。これを改善するために、一九六八年から公労使の三者で構成する審議会方式に移行した。以後、最低賃金が適用される労働者の範囲が広がり、最低賃金制度は、特に中小企業に勤める労働者の賃金水準を維持する機能をまがりなりにも担うこととなる（労働政策研究・研修機構 2018）。

中小企業に勤める労働者の福祉とかかわっては、一九五九年に制定された中小企業退職金共済法が注目を引く。これは、個々の中小企業が退職金共済事業団と契約を結んだうえ、自分の雇う従業員について掛金を納めておくと、従業員が退職する時に共済事業団が相応の退職金を給付してくれる制度であった。中小企業が個別的には背負いづらい退職金負担を中小企業同士でシェアしようとしたのである。もともとは国が年金制度をもって担うべき老後保障を、中小企業同士で負担するところに日本の特徴の一つが表れているといえよう。

価値ある生活環境の創出

敗戦後において新たに問題となったのが、都市部で人びとが生活していく上で必要となる生活インフラ——水道や下水道、道路など——や、学校・図書館などの教育施設、さらには保育所などの整備であった。都市化が進行する社会においては、村落にある種々の共同体と同様の社会関係は期待できず、戦後において行政がこれらの政策に着手し整備するのにも時間がかかった。それればかりではない。高度成長期は、工業化を進めるための地域開発と産業基盤整備が優先された。その結果、工業開発が進んだ地域では、大気汚染や水質汚濁などによって、人びとの健康や生活環境に深刻な影響を与える公害が各地で発生した。

国の公害対策は遅れをとった。各地で発生した公害に対処するため、一九六七年に公害対策基本法が制定された。しかし、同法には、生活環境の保全は経済の健全な発展との調和のもとで進められるべきとする条項（いわゆる「経済調和条項」）が、当初存在した。そのため、抜本的な公害規制を行うことは難しかった（一九七〇年の「公害国会」において、公害対策基本法の「経済調和条項」は削除）。一九六七年の東京都知事選挙において当選した美濃部亮吉が公害対策を積極的に進め、一九六九年に東京都公害防止条例を制定したのも、国の政策が生活環境の悪化を食い止めることができなかったからであった。水俣病、新潟水俣病、イタイイタイ病、四日市ぜんそくの健康被害をめぐって提訴された四大公害訴訟は、いずれも被害者側の原告が勝訴した。後述する、石油化学コンビナート進出阻止のための三島・沼津・清水二市一町の住民運動は、国・県が推進した工業開発を地元の自治体が阻止する公害防止運動を展開したことで、注目された。

政府の政策の不在のなかで、人びとは生活環境の整備という課題を行政頼みにできず、種々の団体を形成して問題に取り組まざるを得なかった。本書では、このような広く住民にとって価値あると認められる生活インフラや景観、種々の施設などを社会財と規定し、すでに大正期の女性の動きのなかで取り上げた。このことが、戦後社会のなかで改めてクローズアップされるようになったのである。戦後改革によって、地方自治が憲法で規定され、地方自治法が制定されたことは、人びとにとって生活環境を整備するための新たな回路を切り開くものと意識された。そこで、国家の政策においては家事を担う側に位置づけられた主婦が、社会財を求める運動に積極的に関わっていくことになる。

人間として——少数者の主張

差別を受けていた少数者にとって、高度成長期は一つの画期でもあった。日本国憲法の理念に則って被差別部落が抱えた種々の問題に対して国と地方公共団体が責任をもって諸政策をとることを定めた同和対策事業特別措置法（一九六九年）が制定された。重度障害者においても、脳性まひ者団体の青い芝の会の会員たちのなかでは、一九六〇年代になると、施設を出て生活保護を受けながら暮らすことを望む人たちが現れた。一九六九年には、同会会員の請願に基づいて、東京都は都営住宅の身体障害者向け割当制を開始した（鈴木 2003）。サンフランシスコ平和条約によって日本国籍を失った在日コリアンは、政府の方針のもとで生活保護の打ち切りが進むなど生存の危機に瀕した。しかし、一九六〇年代後半に入ってからの夜間中学校増設運動のもとで、教育の機会を得るものも現れた（大門 2015）。

この時期に、少数者が国や自治体に対して起こした運動には、一つの共通した特徴がみられる。それは「人間」「にんげん」という、正当化の論理が用いられたという点である。たとえば、青い芝の会が刊行した機関誌『青い芝』では、「私たちは、人間らしく生きられる第一歩は、からだの健全な人たちと共に地域社会の中で生きることだと考えます」というように、「人間らしく」が用いられた（鈴木 2003）。全国解放教育研究会が編集して一九七五年に学習用に刊行された冊子のタイトルは、『にんげん　解放学校用』であった。同冊子に添付された「使用にあたって」によれば、同書の編集の観点は「部落解放運動とは何か」とともに「反差別人民の連帯、さらにすすんで共同闘争とは何か」であり、同書には在日コリアンや脳性まひ者などによる文章が収録されていた。一九七〇年刊行『にんげん』（中学生用）に関しては、沖縄への差別に関する項目を掲載することの是非が論争となった(黒川・藤野 2015)。一九七五年刊行『にんげん　解放学校用』においても各論稿の正当化の論理は一律ではないが、少数者が「にんげん」という言葉のもとに連帯し、自らの存在と反差別を主張した点が重要である。「人間」や「にんげん」の意味するところは多様であり、そこには日本社会における多数者の意味が付与される場合もあった。差別されない多くの人びとと同じようになりたいというような考え方である。その場合には、「人間」「にんげん」は、必ずしも西洋的な意味での「人間の尊厳」を根底にすえるものではなかった。とはいえ、これらの主張は、戦前には不十分であった法に基づく「人の尊厳」をテコにしながら、少数者に広がりをみせることになった。

二　「同じ労働者」として

敗戦で広がった視野

日本は、敗戦で多くのことを失った。しかしながら、得たものも少なくなかった。働く場に即していえば、労働基本権がそれである。アメリカの占領下で得られたということもあって、この基本権の内実は単純なものではなかったが(遠藤 1989)、戦後の労働運動は、この権利を前提に、労働の価値を実現しようとする方向に進んだ。本書でも、これをふまえ、戦後は基本的に「人」(=権利)ではなく「格」(=価値)のほうに焦点を合わせてみることとする。

この時期の特徴の一つが、「格」をとらえる視野が広がったことである。戦前、「格」の追求が狭くて具体的という特徴を帯びていたことはすでにみた。それに大きな変化が生じたのである。これは運動の指導者や各界のリーダーに限らない。普通の人びとの視野も広くなった。一人前に即していえば、人並みの地平が広がり、従来の感覚では自分と「異なる」と感じていたはずの人たちも、実は自分と「対等」かも、という目でみるようになったのである。

戦争末期、先駆けて雇員と傭人の身分を単一化した国鉄の事例をみよう。雇・傭の身分差はなくなったとしても依然として男女差は存在していた。前述した国鉄の現業委員会(労使懇談制度)は、戦前、女性に被選挙権を与えていなかった。それが、戦後間もない一九四五年一〇月に「鉄道委員会」と名称を変えたうえで、「年齢二十二才以上ノ男女現業員ハ委員被選挙権ヲ有ス」と改めたのである。ただし、当局主導の鉄道委員会はまもなく廃止され、代わりに労働組合が自主的に設立された。女性労働者が組合の選挙権・被選挙権を持ったのはむろんである。このような承認の拡大が、女性労働者の組合参加と「婦人部」設立を促すこととなる。

しかし、人並みの地平を拡大する道のりは平坦ではなかった。何より従来の慣行がそれを阻んだ。戦争が始まる前、国鉄における女性労働者の比率は三%程度だったが、戦時期に激増した。なかでも一九四三年の厚生省令により、事務補助者・現金出納係・電話交換手・出改札掛・車掌・踏切手など少なくない職種に四〇歳以下の男子の就業が禁じられたためである。結果、女性労働者の比率は一九四三年には一一・九％、一九四四年には二一・八％までに上がった。この傾向に歯止めをかけたのが、敗戦による輸送量の減少と男性労働者の復員である。当局は、当然の如く女性の首を先に切った。一九四五年八月から一九四六年三月にかけて、女性と年少者を中心に九万人余りが解雇された。一九四四年度末一〇万強だった女子労働者の数は、一九四五年度末には六万弱とほぼ半減したのである。

ただし、一度広がった視野と認識は、従来の慣行をそのまま維持することを許さなかった。一九四六年七月、国鉄当局は新たに「七万五千人の人員整理案」を持ち出した。「年少者、女子職員等一家の生計維持に責任の軽い層を中心に整理する」というのがその骨子であった。男性組合員のなかではこれに同調する動きもあったが、女性組合員を中心とした反対運動が功を奏し、人員整理案は阻止された。この反対運動に戦闘性を持たせたのが、新たに獲得された認識の地平であった。労働者自身の言葉を借りれば、「吾々は(中略)鉄道の中の弱い者即ち首切り台に座らせせられている仲間を始め、全日本労働者の生存権擁護と言う崇高な目的を貫徹するためにのみゼネストを敢行しよう」としたのである。

この数カ月後、電力の発送電・配電に携わる労働者で構成する日本電気産業労働組合協議会(電産協)は、経営側との熾烈な闘いのすえ、「電産型賃金」を勝ち取った(河西 1999)。これは、基準賃金のうち、本人給が四七・五％、家族給が二〇・七％を占める、いわゆる生活保障本位の賃金であった。ここで本人給は、一七歳五〇〇円を基準として、一八歳から三〇歳までは一歳刻みで三〇円、三一歳から四〇歳までは一歳刻みで二〇円ずつ増加する、言葉通りの年齢給だった。ただし、四〇歳を過ぎると年齢給はもはや上がらない。

この「電産型賃金」が、戦時期に普及し始めた生活給の思想を引き継いだことはよく知られている。しかし、国家が与えようとしたものではなく、労働者が自ら団結し団体交渉を通して実現したという点で大きな意義があった。電産型賃金は、すべての労働者が年齢相応の賃金を受け取るに値するという考え方を表し、すぐ日本全域に広がった。この時期、労働者の視野が広がったことを象徴するものであった。

なお、電産型賃金が、電気産業をベースとして成立したことにも留意しなければならない。一方では、戦時期と戦後復興期の経済統制が産業単位で行われたことが影響し、他方では産業の復興を通して戦後日本を再建するのだという労働者自らの意向が影響し、産業は、この時期、労働運動において重要な位置を占めていた。敗戦直後の労働運動を主導した勢力が、ほかならぬ「産別会議」だったことが、その事情をよく物語る。さらに留意すべきは、地域も重要だったということである。戦前、労働組合運動を粘り強く展開した労働総同盟は地域に基盤を置いており、戦後の再建に当たっても、府県連合会という地域組織から出発した。

この産業や地域が重要なのは、それが、「個人↓集団↓社会」という経路において、「集団↓産業／地域↓社会」という媒介項をなしているからである。この媒介項が、労働者の視野を広げた。そして、この媒介項に助けられることで、労働者の価値は、社会的に承認され、社会的な価値として統合される道筋を得た。この時期、産業／地域という媒介項が作動しなかったならば、働く者の価値の承認は、より困難だったに違いない。

「人間性の確立」

こうして、外に向けて広がった視野は、内に向けて強いプレッシャーとして作用した。外に向けて人並みに値する存在と主張するためには、労働者自ら内的にその存在価値を確立する必要があったのである。再び国鉄の例に戻ろう。創設後ゆるやかな連合体として活動してきた国鉄労働組合は、一九四七年六月、単一化のための結成大会を開き、「綱領」を採択した。そこでは、「われらは労働者の基本的権利を守り劣悪なる封建的労働条件の一掃を期す」とともに、「われらは労働者教育と文化向上の強力なる実践を期す」と謳われた。「権利」を守るためには自ら「向上」しなければならない、つまり、「人格」との関連では、「人」のためには「格」を高めなければならないという考え方が反映されていたのである。よって、その組合規約には、組合の行う事業として、労働条件の維持改善および福利厚生とともに、「教養文化の向上」が掲げられた。

この自己確立の必要性は、一人前と半人前の境界線に置かれた女性と若者にとってより意識された。国鉄労働組合婦人部は一九四七年に行った「決議文」において、組合に対して「高い教養と高尚な趣味への善導」を促すとともに、当局に対しては、「女子人材の登用」と「女子職員の質的向上」を求めた。新しい世の中においても、女性が活躍するためには、「教養」と「質的向上」が前提条件となったのである。一方、国鉄労働組合青年部はその「行動綱領」において、「我等は日本民主化の中核たるを信じその徹底を期す」のほか、「我等は新しい文化を創造し人間性の確立を期す」と謳っていた。

この向上志向は、国鉄だけでなく広い範囲でみられた。たとえば、日産労働組合においても一九四六年五月に婦人部が設立されたが、その当初の課題は「婦徳の涵養」すなわち「日本婦人」としての「情操の向上」だったという(吉田 2014)。自ら「向上」し「人間性」を確立するというこの発想は、以後、その形を変えながらも、日本の労働運動に繰り返し登場する重要なモチーフとなる。

なぜ、ここまで「人間性」の確立にこだわったのだろうか。基本的には、新しい時代が始まった以上、それにふさわしい人間にならなければならないという労働者の意気込みが反映したものといえる。人並みの地平が広がった分(これは、従来の基準でみれば人並みでなかった層までを抱きかかえることを意味した)、そのレベルの底上げを意識せざるを得ない側面があった。ただし、新しい憲法のもと労働三法などが整えられ、「人」(＝権利)の側面は法制度的に保障されていくなかで、価値の側面において戦前来の「格」の向上志向がより洗練した姿をもって現れたともいえる。いずれにせよ、日本の労働者は、承認の範囲を広げるなかにあっても、主体性の発揮とそれによる自己確立を労働者自らに強く求めた。これが、戦後の働く場の論理と倫理を形作る下地となる。

女性と「一人前」

敗戦直後は、女性にとってチャンスであると同時に危機だった。国鉄において多くの女性が解雇されたことはすでにみた。全国的にも、復員者や帰還者問題に対応するため、一九四五年八月から一〇月までの間に約三〇七万人の女性労働者が仕事を失ったという(豊田 2007)。しかし、職場に残った女性は、働く場を守り一人前として認めてもらうために努めた。それを示す一つの証言を紹介しよう。「(一九四七年)労働基準法制定当時の資料のなかに、一枚の血判書が(国労)東京地本に保存されていた。文字通り血のあとが残るこの資料は、制定される労働基準法のなかの女性の深夜労働禁止の条項に反対するものだった。深夜労働が禁止されると、女性に働く場がなくなり、結局は職を失うことになる、というものだった」(高木 2021)。

働くことへのこだわりは、国鉄など公的部門に限らない。民間企業でも少なくない女性が働く道を選んだ。たとえば、日産においては、事務職に限らず現場にも女性が広く活用され、「女性も包含した人員体制が形成されつつあった」(吉田 2010)。トヨタにおいても少なくない女性が、機械職場のほか鋳造や車体職場などで働いていた(辻 2008)。

これに打撃を与えたのは、社会的力学の変化だった。アメリカの占領政策が変わるなか、財政金融を引き締めるドッジ・ラインが実施された。これに従い、一九四九年七月、行政整理が断行された。国鉄の場合、約六〇万人のうち九万五〇〇〇人が解雇された。内訳は、男性が八万六〇一一人、女性が一万四四一七人であり、絶対数では男性が多かったが、比率ではそうではなかった。男性は全体の一四・二%なのに、女性は全体の四五・五%が解雇されたのである(この数年間女性労働者の全体数はすでに減っていた)。こうして、敗戦後も職場を守っていた女性労働者の半分近くが解雇され、性別構成はほぼ戦前の水準に戻った。

民間もそれほど変わらなかった。日産では、一九四九年の人員整理を転換点として、多くの女性が職場を追い出され、「男性職場化の端緒」が作られた(吉田 2010)。トヨタでも、一九五〇年の人員整理において、男性は全体人員の三三%が減らされた反面、女性は全体人員の七一%が減員された(辻 2008)。この時期労働省は、ドッジ・ラインによる「企業整備」でどの程度の解雇者が出ているかを調査しているが、それによると、男性は一八%、女性は三一%が解雇されていた。
こうして、働く場における女性の一人前化は、その実現を阻む大きな壁にぶつかった。その一つが、女性に一人前として働くチャンスそのものを与えないことである。そしてもう一つが、後述するように、一人前の処遇を与えないことだった。以降、高度成長期を経るなかで、働く場における一人前化の動きは男女が別コースをたどることとなる。男性からみよう。

「ホワイトカラー並み」としての一人前

出発点でつまずいた女性とは異なり、男性労働者の一人前化は勢いよく進んだ。それを支えたのが、「ホワイトカラー並み」という要求のブルーカラー全体への広がりと、それを経営が認めたことだった。

このプロセスについては若干説明が必要である。企業は、基本的に階層構造をなす。戦前、その階層構造の根幹は身分だった。上から「社員↓準社員↓職工↓組夫」という階層秩序によって企業が維持されたのである。しかし、戦後民主化のなかでこの身分秩序は「封建的」なものと指弾され解体された。よって、それに代わる新たな秩序を立てる必要があった。当初は、アメリカの勧めということで、職務中心の秩序が試みられた。

職務を中心に組織の秩序を設計する際は、それぞれの職務がどの程度重要なのかを評価する

表2-1　名古屋車電区の職務評価案(単位：点)

職名	能力及訓練	責任	注意力(緊張度)	肉体的条件	作業環境	合計
	15	10	5	5	5	40
	100	100	100	100	100	500
区長	15.0	10.0	5.0	0.5	1.0	31.5
	100	100	100	10	20	330
技術掛	10.5	6.0	3.8	1.5	3.0	24.8
	70	60	75	30	60	295
車電掛	11.3	8.0	4.5	4.5	4.5	32.8
	75	80	90	90	90	425
車電手	4.5	3.0	2.5	4.5	4.0	18.5
	30	30	50	90	80	280
技工長	12.0	8.0	4.5	4.0	4.0	32.5
	80	80	90	80	80	410
技工	7.5	5.0	3.0	4.5	4.5	24.5
	50	50	60	90	90	340
技工見習	1.5	1.0	2.5	4.0	3.5	12.5
	10	10	50	80	70	220

出典：禹(2003)153頁

必要がある。これを職務評価という。表2-1をみよう。これは一九四七年、アメリカの影響のもと、国鉄において職務評価が試みられた時、国鉄労働組合が独自に行った評価(案)である。この時期、アメリカは要素点数法による職務評価を奨励していた。この評価(案)もそれに従い、各職を「能力及訓練一五点」「責任一〇点」「注意力五点」「肉体的条件五点」「作業環境五点」「合計四〇点」で評価している(上段の点数。ちなみに、下段の点数は評価要素にウェイトを付けず、各要素一〇〇点・合計五〇〇点にした際の評価結果である)。

注目すべきは、ホワイトカラーの代表格で職場のトップである区長の点数計が三二・五点であるのに対し、ブルーカラーの代表格である技工長の点数計が三二・五点で、より高く出ていることである。ほかも似ており、ホワイトカラーの技術掛が二四・八点、ブルーカラーの技工が二四・五点で、両者間にあまり差はない。少なくとも組合サイドの認識においては、ブルーカラーが完全に「ホワイトカラー並み」となっていることがわかる。むろんこの案は、経営側にとってとうてい受け入れられるものではなかった。現に、経営側の意図が反映される形で組織秩序の編成が進んだ。にもかかわらず、表2-1に示された「ホワイトカラー並み」への労働者の強烈な願望は、経営側としても無視することはできなかった。

ホワイトカラーとブルーカラーの「水平的」な配置

国鉄の経営側は、労働者の願望を一応受け止め、その願望を経営側の思惑に近寄せる形で実現しようとした。少し説明しよう。戦前の身分秩序では、学歴のある社員・準社員が管理部署で企画・統制・調整などを担い、学歴のない職工・組夫が現場で作業を担い、前者が後者に指示を出すことができるようになっていた。よって、「管理」が「現場」より上、「企画・統制・

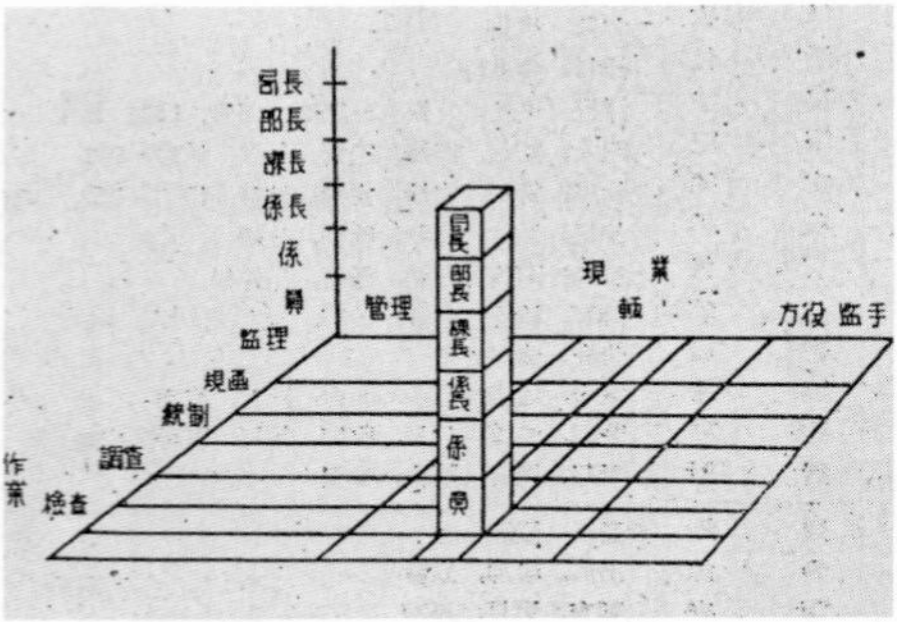

出典：国鉄労働組合調査給対部「国鉄職種分類」1950年2月(埼玉大学資料室所蔵)

図2-1　国鉄で試みられた「職種分類」

調整」が「作業」より上という観念が当然だった。戦後、国鉄の経営側は、アメリカの「科学」を輸入するという形をとって、この学歴中心の秩序を職務中心の秩序に変えようとしたのである。

それを示したのが、図2-1である。これは、行政整理の後、組織内秩序の立て直しを図った国鉄の経営が、仕事を三次元で分類し配置した組織図である。水平面の横軸には、図には正しく記されていないが、管理・施設・車両・輸送など部門を配置した。「管理」の部署と「現業」の部署を同一線上に配置したのである。なお、水平面の縦軸には、「監理→企画→統制→作業」というプロセスに沿って、それぞれのフェーズに当たる業務を同一線上に配置した。結果、従来のホワイトカラーの仕事と従来のブルーカラーの仕事は、形式的には対等となった。よって、垂直線上に配置された、「局長→部長→課長→係長→係→員」という階梯《ポジション》だけが上下を規定するものになった。ホワイトカラーとブルーカラーの身分差はなくなったのである。

むろん、身分差がなくなったというだけで労働者の願望が受け止められたことにはならない。労働者が望んだのは、単に形式的な差がなくなるのではなく、「ホワイトカラー並み」の待遇を受けることだったからである。このためには「ホワイトカラー並み」の昇進・昇格が必要となる。国鉄の経営側もこれは理解していた。よって、図には示されていないものの、平社員に当たる「係」と「員」を、熟練の度合いをもってさらに分類し、「係」を「熟練職務」と「中級熟練職務」に、そして「員」を「準中級熟練職務」と「初級職務」にそれぞれ分けたのである。よって、平社員も「初級↓準中級↓中級↓熟練」という階梯《ラダー》を昇ることができるようになった。これが、ブルーカラーにもホワイトカラー並みの資格を付与する出発点となる。国鉄のケースはその変貌をたどるのがやや複雑であるゆえ、以下では、八幡製鉄の事例をみることにする。

ホワイトカラー並みの資格

いまや「資格」という言葉は誰にも馴染みのある用語である。しかし、戦前、資格は基本的にブルーカラーとは縁の遠いものだった。表2－2をみよう。これは、一九五三年現在の八幡の「職分別人員」を示したものである。ここでの「職分」が資格に当たる。表のうち、「事務員二級・技術員二級」以上がホワイトカラーに当たり、「技手」以下がブルーカラーに該当す

表 2-2　八幡の職分制実施時の職分別人員(1953年)

職　分	在籍人員(人)	備　考	
理　事	6	部長クラス	
参　事	32	副長クラス	
副参事	91	課長クラス	
主事・技師	427	掛長クラス	
主事補・技師補	1,487	医師・歯科医師・薬剤師・船長・機関長の各2級を含む	
事務員1級・技術員1級	2,140	医師・歯科医師・薬剤師・船長・機関長の各3級および看護婦・助産婦・医務員の各1級を含む	
事務員2級・技術員2級	2,045	看護婦・助産婦・医務員の各2級を含む	
技　手	1,146	組長の一部	船員1級を含む
工手1級	2,259	組長・伍長クラス	船員2級を含む
工手2級	2,700	伍長の一部	船員3級を含む
作業員	23,409		船員4級を含む
現業員大手	0		
現業員上手1級	36		
現業員上手2級	55		
現業作業員	1,430		
計	37,263		

出典：新日本製鐵株式会社社史編さん委員会『炎とともに』1981年，649頁

る。「職分」と「在籍人数」を対照すると、ホワイトカラーとブルーカラーとでは状況が異なっていたことがわかる。

ホワイトカラーの場合は、平の従業員でも「三級」「一級」などの資格が多くの人に与えられていた。反面、ブルーカラーの場合、「工手一級」「工手二級」という資格は、「組長・伍長」など少数の役付工に与えられたにすぎず、二万三千人を超える平のブルーカラーは単に「作業員」とくくられるだけだった。戦争末期、他の企業に先駆けてブルーカラーにも資格制度を設けたものの、それが一般労働者には適用されていなかったことがわかる。

「ホワイトカラー並み」を求めた労働者にとって、このような状況は、とうてい容認できるものではなかった。よって、同じ労働者として、ブルーカラーに対してもホワイトカラー並みの資格を付与してもらうための運動が、一九五〇年代と一九六〇年代を通して根気よく進められた。その結果を示したのが、図2-2である。これは、前述した「職分」制度に代わって、八幡が一九六七年に導入した新人事制度の骨格である。この時期、八幡は「職務給」を導入していたのでやや複雑だが、左図が職務に基づく社員等級、右図が新たに設けた職掌(=資格)に基づく社員等級である。両図それぞれの右側は看護職など特別職なので、これを除き、両図の左側の一般職に注目すると、いくつかの特徴がみられる。

まずは、国鉄でみた「水平的」配置と同様、ここでもブルーカラーとホワイトカラーは対等

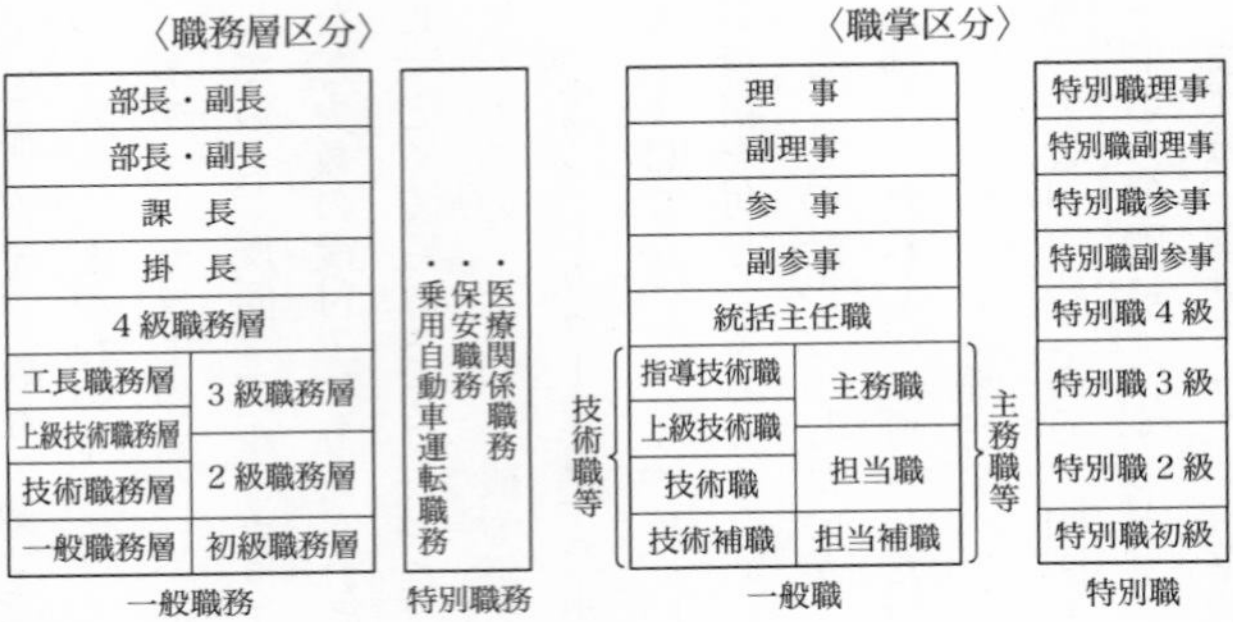

出典：田口(2004)14 頁

図 2-2　新人事制度における職務序列(「職務層区分」)および資格序列(「職掌区分」)

に並列されていることである。左図の「一般職務」のなかでは「工長職務層〜一般職務層」、右図の「一般職」のなかでは「指導技術職〜技術補職」がブルーカラー、左図の「三級職務層〜初級職務層」と右図の「主務職〜担当補職」がホワイトカラーに当たり、それらがまったく水平的に配置されているのがわかる。いまや当然と思われるこの配置が定着するまでは戦後二〇年の年月を要した。

次に、右図においてブルーカラーが、上から「指導技術職」「上級技術職」「技術職」「技術補職」という名称の資格を付与されていることである。こうして、ホワイトカラーだけではなく、従業員全員（ただし、正規の「本工」に限る）に資格が付与された。そして、職務・職位に連動するのではなく（すなわちポストに穴が空く場合に限るのでなく）、ヒトに連動して（すなわち勤続年数と相応の能力にしたがって）、上の資格に昇る（昇格する）ことができるようになった。この昇格と定期昇給が合わせられ、ブルーカラーをも含めた正社員一般が「年功賃金」を享受できることとなったのである。

ホワイトカラー並みの生活

日本で産業化が始まった時、労働者は「下層社会」に属していた。しかし、二〇世紀に入って以降、重工業大企業の労働者を中心に下層社会からの離脱が進んだことはすでにみた。それにちなめば、戦後におけるブルーカラーのホワイトカラー化は、ブルーカラーの「労働社会からの離脱」（＝「サラリーマン化」）ともいえる。高度成長を経験するなかで、「一億総中流」意識が定着した基盤がここにあったのである。

いまやブルーカラーはホワイトカラー同様、基本的な雇用保障のほか、月給制と社内資格および昇給・昇格により安定した所得を保障されるようになった。また、戦前には不安定的で工職間に差があった賞与も、ホワイトカラーとほぼ対等に享受できるようになった。退職金においてもホワイトカラーとの差を相当縮めた。住居についても社宅の拡充、持ち家支援などを通して、その環境は大いに改善された。こうして、日本のブルーカラーは、経営内においてホワイトカラーと対等な地位を獲得し、その経営内地位の上昇をテコとして、社会的地位の上昇をも獲得していった。自立した核家族の形成、子どもの中等以上の教育などがそれである。

むろん、労働者の要求だけでこれが実現したわけではない。経営はこれらの要求を受容する代わりに、ブルーカラーに対しても「ホワイトカラー並み」の働きぶりを求めた。応援・配置転換・転勤を含めた柔軟な配置、持続的な能力開発、より高度な業務を担うことなどがそれである。経営によるこれらの要求を今度は労働者側が受容した。このホワイトカラー並みの「処遇」と「働きぶり」を労使間で交換することにより、生活のスタイルと働くスタイルがともにホワイトカラー化した「日本的」雇用慣行が形成されたのである。

臨時工の「一人前」化

留意すべきは、「ホワイトカラー並み」の追求が、「並み」と見なされない層に対する、労働者のなかでの差別と排除の傾向を内包していたことである。臨時工と女性がその代表的な存在であった。

臨時工からみよう。臨時工の歴史は古く、日本の産業化とともに始まったといって過言ではない。当初、日本の企業は、常雇の枠をあらかじめ決めておき、その枠の一部は最初から常雇として雇入れ、残りは臨時雇を競わせそのうち一部を登用するという方式で、費用の節減する雇用管理をしようとした。ただし、労働者に対する雇用保障の程度が低く、労働者自身の企業間移動も頻繁だった時期には、常雇(=本工)と臨時雇(=臨時工)の区別が決定的な意味を持つことにはならなかった。「臨時工問題」が表面化したのは一九三〇年代に入ってからだった。労働者の企業定着が進み、不況で労働移動もままならないなかで、臨時工の雇用不安・生活不安が浮き彫りになったのである。しかし、これも引き続く戦争と民主化という激変のなかで潜伏した。臨時工問題が再び社会問題化したのは、朝鮮特需がきっかけであった。

当初、臨時工は、経営にとって便利な存在であるだけでなく、組合にとってもバッファーとして黙認されるきらいがあり、本工組合に加入できない場合が多かった。「本工組合員の大部分は当初現業員(臨時工のこと)が組合に統合することには、(自身への)『配分』が少なくなる点や身分的優越観等から反対の声も強かった」のである(北海道立労働科学研究所 1955)。しかしながら、一度対等に向けて広がった地平は、臨時工を組合へ包摂する方向に導いた。一九五〇年代後半以降、鉄鋼のほか造船など多くの産業において「本工化闘争」が進められた。結果、少なくない臨時工が本工身分を獲得した。一人前になったのである。これには、組合の主体的努力だけでなく、一九六〇年ごろから深刻の度を増した若年労働者不足という客観的条件も大きく働いた(伊達 2005)。この両側面に助けられ、臨時工という言葉は徐々にその姿を消すこととなった。いずれにせよ、同じ労働者として企業や社会に貢献できるという論理が、臨時工も一人前として承認する流れを牽引したといえる。ただし、主に未婚男性が担った臨時工が本工化したこととは異なり、既婚男性が担った「社外工」や、一九六〇年代以降臨時工の代わりに既婚女性が担うこととなった「パート」の場合は、その本工化＝「一人前」化がついに行われなかったことに留意しなければならない。

「男女同一賃金」

戦後女性の働き方をめぐっては、基本的に「保護」と「平等」という二つの方向性が存在した。前者は、深夜労働禁止や出産休暇・育児休業などを求めることである。そして、後者は男女平等な機会と処遇を求めるものである。このうち、主流となったのは「保護」への方向だった。労働組合の要求事項をみても生理休暇の拡充、産前産後休暇の延長、つわり休暇の創設などが数多く登場する。現に、実を結んだものも少なくなく、たとえば全電通（NTTの前身の日本電信電話公社の労働組合）は一九六四年、日本で初めて育児休業のための団体協約を締結した。このような努力の積み重ねのうえに、後の育児休業法が成立するのである（一九九一年）。しかし、一人前とかかわっては「平等」、特に同一労働同一賃金が重要である。

戦前、女性は制度的に差別された。たとえば国鉄の場合、一九三〇年当時、「中学校卒」の初任給は一日当たり一三〇銭であるのに対し、「高等女学校卒」のそれは一日当たり八五銭と定められていた。戦時期に入っても、女性労働者の初任給が男性の七割に止まっていたことはすでにみた。敗戦はこれに変化をもたらした。一九四七年に施行された労働基準法は、「男女同一賃金の原則」を明記した。したがって、初任給などにおいて露骨に差を設けるのは難しくなった。ただし、法以前に大きな影響を及ぼしたのは生活実態だった。当時インフレは急速に進んでおり、これに対応するために臨時手当や物価手当などの名目で賃金が増額されたが、これらの措置は性別にかかわりなく適用された。結果、一九四六年七月現在、国鉄の東京地域における初任給の男女間格差は一三%くらいまで縮まった(国鉄労組婦人部「初任給の男女間是正」)。

しかし、一九四九年を転換点に状況は変化した。一九五二年八月、国鉄労働組合婦人部は女性労働者の実態調査をふまえ、報告書「国鉄婦人労働の性格」を出した。そこには、次のような憤りが表明された。「かつて勝ちとった『男女同一労働同一賃金』の原則は、今日まったく打ち破られてしまっている」。その間、何があったのだろうか。

同報告書によると、この時期、女性はタフな姿勢で働こうとしていた。一万一二六六人の女性労働者のうち、二〇歳以下が二一%、二一~二五歳が五一%、二六~三〇歳が一一%、三一~四〇歳が一六%をそれぞれ占め、勤続年数も五年以内が三八%、六~一〇年が五五%だった。必ずしも短期間で辞めるのではなく、六年以上勤続を積む層も多かったことがわかる。家族関係では未婚が七五%、有夫が一三%、未亡人が一〇%、離婚が二%だったが、たとえば比較的高学歴の「事務補助」の場合、有夫が二三%をも占め、女学校出の女性も結婚後引き続き働く側面があったことを示す。現に、女性労働者たちは、職業生活と結婚生活の両立についてポジティブにとらえていた。未婚の場合は、両立すると答えた人が二〇%で、両立しないと答えた人が二七%だったが、有夫の場合は、両立するが六五%で、両立しないが一二%だった。なお、現在の職業生活をいつまで続けたいのかについても、有夫の場合、子どもができるまでが二八%、子どもが一人前になるまでが二〇%、出来るだけ長くが一四%、終身が二〇%だった。総じて、この時期、働く女性は専業主婦を夢見たわけではなかったといえよう。よって、彼女らが男女同一賃金を求めたのは当然だった。

しかし、その要求は、経営側と男性労働者に受け入れられなかった。この時期、国鉄は、敗戦直後の「職階制」から、職名別に最低号俸と最高号俸を設ける賃金体系に移行していた。たとえば、駅手は「最低号俸一~最高号俸二八」、線路工手は「最低号俸七~最高号俸三九」の如くである。やがてこの賃金体系は「職群制度」に変わり、その下で駅手は「二職群」に、線路工手は一つ上の「三職群」に格づけられた。この時期、駅手の仕事には少なくない女性が就いていた反面、線路工手は典型的な男性仕事だった。学歴からしても駅手のほうが線路工手より高かったにもかかわらず、駅手の賃金等級は線路工手より低く抑えられた。線路工手の勤続年数がより長いというのが、その理由の一つだった。これが、女性の不満の元となった。婦人部の報告書を再び引用しよう。「男子は常に女子をその性別の差異によって過小評価する。この権威的号俸給与制度の下においては『男女同一労働同一賃金』という原則は本質的に相容れない。当局のこの政策に対し、労働組合自体も対抗することをしない。なぜなら男子自体がこの『権威』的制度のとりこになっているからである」。

「大幅賃上げ」に埋もれた「同一賃金」

敗戦後強い影響力をもった年齢中心の生活給に対抗すべく、日経連が定期昇給を中心とする賃金制度を前面に持ち出したのは一九五四年ごろだった。以後、定期昇給制度が定着するにつれ、年齢より勤続年数がその意味を増していくことになる。

この時期の日本の賃金を強く特徴づけたのは、この定期昇給制度のほか、ほぼ同時期に始まった「春闘」という賃金決定メカニズムだった。企業別組合が主流をなす日本の労使関係において、企業レベルで賃上げを要求してはその交渉力が弱いということで、組合が互いに連携をとり、全国労働団体や産業別組織の指導・調整のもとに賃上げ交渉を行い、有利な結果を引き出そうとしたのが春闘である。この春闘が定着するにつれ、経済成長が賃上げを呼び、賃上げがさらなる経済成長を支えるというマクロ的な仕組みが作られた。

春闘の仕組みは、労働者の価値に対して、二つの、ただし方向性を異にする影響を及ぼした。その一つは、春闘の波及効果による「相場形成」である。春闘は、ほぼすべての産業別組織が参加した運動であり、産業間に賃上げ効果が波及することで、労働者の賃金相場を全体的に引き上げる機能を有していた。一九六〇年代を例にとれば、「鉄鋼／私鉄↓中小↓一般」という経路をたどった。すなわち、パターン・セッター（俗にいうトップ・バッター）の鉄鋼あるいは私鉄が勝ち取った賃上げ水準は、他の主要産業を媒介としながら、一方では中小企業の賃上げに波及し、他方では公務員の賃上げに影響を与えた。そして、ついには組合に組織されていない一般労働者の賃上げにまで影響したのである。本書にとってこの「相場」の形成が意味するのは、つまるところ働く人は、個別的な仕事の場と仕事の性格がどうであれ、仕事をすること自体が価値あるものとして社会から広く認められ、それに対する社会からの贈り物として生活が保障されるようになった、ということである。

もう一つは、男性中心の家族賃金の普及である。前述した資格制度の整備と定期昇給の定着、およびそれに基づく春闘の賃上げ効果の積み重ねは、労働者の所得水準を引き上げただけでなく、大企業に働く労働者の賃金カーブをシャープな右肩上がりにした。そしてこの現象は、中堅企業にも波及していた。結果、高度成長が終わる頃には、狭くない範囲で家族賃金が形成された。これにしたがって、男性が一家を扶養できる賃金を稼ぎ、女性は専業主婦として家事・育児を担うという家族モデルが定着した。日本における男性稼ぎ主モデルの成立である。問題は、働く女性たちはこれについてどう考えたのか、もしそのモデルを受け止めたのであればなぜだっただろうか、ということである。

一九五〇年から一九七四年まで国鉄労働組合婦人部が掲げた運動スローガンを手がかりにその事情を探ってみよう。確認できる限りで、「賃金の男女差を是正させる」というスローガンが登場するのは、一九五〇年だけである。その代わりに、一九五二年からは「最低賃金制」を要求し始める。賃金制度の改正で男女差をなくすのではなく、最低賃金の底上げで男女間の格差を縮めようとする方向に向かったのである。この時期は、家庭に戻る女性がいる反面、少なくない女性がたとえば家族従事者から雇用者となり、中小企業などで働いていたが、その労働条件は決してよくなかった。一方、内職も広い範囲で行われた。比較的処遇のよかった国鉄労働者を含め、その妻が内職に従事するケースも少なくなかった。その意味で、最低賃金の底上げは、広く女性の支持を得られるスローガンだったといえる。

しかし、国が最低賃金法を制定した一九五九年以降、婦人部の運動方針は再び変わる。最低賃金に関する要求は、「全国一律最低賃金法制化」とその趣旨を変えながら一応存続するものの、一九六〇年から一九七四年までもっとも前面に出されたスローガンは「大幅賃上げ」であった。これが、前述した春闘効果のほか、当時政府によって進められた国民所得倍増計画などに影響されたことは論をまたない。高度成長の果実を分けてもらおう、という考え方である。ただし、スローガンの変化には、女性労働者内部の認識の変化も作用していた。賃金総額を増やすのが先であって、男女間格差の是正は後のことだという考え方である。この考え方をとると、家族賃金との距離はぐんと縮まる。現に彼女らは、一九六六年と一九六七年には、「住宅手当・家族手当の制度化、扶養家族手当(配偶者)の引上げ」をもスローガンに掲げていた。

興味深いのは、この家族賃金を是とする考え方が、「階級」思想と混合しながら広がっていたことである。国鉄労働組合婦人部は、運動方針を「大幅賃上げ」に切り替えた一九六〇年、「社会主義社会を実現させる運動をもとめる」と謳っていた。これは、国鉄に限らない。一九六〇年七月、総評に加盟する男性労働者の妻たちによって「主婦の会」が結成された。この結成に当たっては、「同じように働く労働者の妻という階級的な連帯で結び合いたい」という発言がなされた。妻同士の連帯といっても、「労働者の主婦が人間としての自分を解放するためには、どうしても労働運動を離れてそれができないことを自覚すること」が必要だった。よって、「私たちは、内職しなくてもよい、まともな生活がしたいのです。それには、父さんの賃金を大巾に引上げてもらうことが何よりです」ということになった(山田 2000)。

こうして、「階級的な連帯」が、「大幅賃上げ」を媒介として、女性を非階級的にするはずの家族賃金と結びつくというパラドックスが生まれた。これは、「階級」にとって重要であるはずの生産あるいは雇用に重点を置くよりは消費に重点を置く考え方だった。「大幅賃上げ」を求める闘争を通じて労働者の分け前を大きくすれば、それをもって「人並みの消費」ができるとするものだったのである。

主体性と生きがい

では、生産においてはどうだったのだろうか。この側面では、働く者としての主体性が絶え間なく強調された。全電通の「一九七一年度婦人活動のすすめ方」をみよう。

全電通は、早くから女性の職域拡大に積極的に取り組んでいたが、それについて次のように謳っていた。「職域拡大は、たんに電話運用部門からデスク部門にいくという問題ではなく、『労働者である』という自覚をもちあい、婦人の社会的地位の向上を目的とするものです。その意味では、他力依存をやめ、自分の意思を主体的にもつ労働者になっていくことが先決です」(労働省婦人少年局 1973)。電話運用部門は女性に限られた職場である。対して、デスク部門は男女がともに働く職場である。デスク部門で対等な存在＝一人前として認めてもらうためには、まずは主体性が必要という論理である。

この主体性の強調は、必ずしも階級的な意味合いに限定されない。働く場においては、より広い意味で、思想の左右を問わず、一般的に使われた。それは、いうなれば、働く者の人生観みたいなものだった。全繊同盟の「一九七二年度婦人対策活動方針」では、「婦人の能力を発揮し評価を高めるために」、次のようにすべきと語っていた。

わたくしたちが生産活動に参加する目的は、ただ賃金をうるというだけではなく、それぞれの能力を労働を通じて発揮し、社会に役立てることによって、人間としてより充実した生きがいのある人生を生きたいというもう一つの面があります。現在、婦人の職場は大部分が単純な仕事か、または補助的な部門に集中しています。しかし、たとえ仕事は単純であっても生産の基幹部門を担っているのです。このことをもっと高く評価させるとともに、人間の労働としての価値を発見できるような制度や仕組みをつくり、働く意欲やよろこびのもてる職場にしなくてはなりません。（労働省婦人少年局 1973）

文中に出てくる「生産活動」を「サービス活動」に、「生産の基幹部門」を「サービスの基幹部門」にそれぞれ変えれば、この方針は、現在の「基幹パート」にもおおむね当てはまる。そのくらい普遍性を持ったのが、この人間としての「生きがい」の追求という考え方だった。

これは、ポジティブな労働観と密接にかかわる。歴史的にみて労働は、ややもすればネガティブに、すなわち「苦役」としてとらえられるきらいがあった。しかし、近代に入って観点は変わる。労働は、人間が労働対象に自分の意志と能力を投入し、自分を実現できるポジティブな契機としてとらえられた。友愛会が「労働非商品の原則」を受け入れて以降、日本の労働者も基本的にはこのポジティブな契機を大切にしてきた。上記の全繊同盟の方針が「労働を通じて生きがいのある人生を生きたい」と訴えたことも、その延長線上にあるといえる。

留意すべきは、労働が、「自己実現＝自分の価値の社会的承認＝生きがい」の契機となるためには、二つの側面を併せ持つ必要があるということである。その一つは、労働対象への働きかけにおいて、ある程度の自律性を有することである。これがないと、労働は強制的なものとなり、自己実現の契機とはならない。もう一つは、自分の作り出したものは、人(職場の同僚、サプライチェーンの人、消費者など)にその価値が承認されることによって社会的な評価を得、そのうえで初めて自分の価値が実現できるということである。これがないと、自己実現は結局「自分のなかでの実現」となり、自己満足との境界線がなくなる。全繊同盟の方針は、これら両側面を併せ持っていた。「それぞれの能力を労働を通じて発揮し、社会に役立てることによって」というくだりがそれをよく示す。「能力を発揮し」が一番目の側面を表し、「社会に役立てる」が二番目の側面を表すのである。なお、「たとえ仕事は単純であっても(中略)人間の労働としての価値を発見できるような制度や仕組みをつくり」たいと意気込んだのも、二番目の側面を意識していたからだといえる。

ただし、後述するが、一九七〇年代を過ぎるころ、それまでバランスの取れていたこの労働観は変貌を遂げる。いわゆる「企業社会」の影響を受け、特に大企業に働く男性労働者を中心に、二番目の側面は薄れていき、一番目の側面がより強く意識されるようになる。主に「労働対象への働きかけ」を通じて自分の価値を実現しようとする動きが前面に出てくるのであり、これが、日本のユニークな労働観を生むことになる。このユニークな労働観は、しかし結果的には人びとの自己実現にいびつさをもたらすと同時に、特に女性の一人前化を妨げてしまうパラドックスを生んだ(詳しくは後述)。本書ではこれを「主体性の罠」と呼ぶ。

日本において、女性が労働を通じて能力を発揮し社会に役立てることは決して容易でなかった。この時期は、すでに少なくない女性が、臨時工の代わりにバッファーとして使われ始めていた。ただし、臨時工と違って、このパート労働者に対しては本工化(＝正規化)しようとする動きは本格化しなかった(禿 2022)。男性稼ぎ主モデルの成立が、その背景として働いたことは想像に難くない。しかし、ほかにも理由があった。それは、働く人の承認を押し進めるべき組合の承認行動が、地平を広げるのではなく、企業のほうに傾倒していったことである。その詳しい考察は、次章で行うことにする。

三 「市民」として、「人間」として

「地位向上」の中身の変化――主婦の動き

戦後改革によって、「権利としての承認」をようやく手にした女性に対して、同時代の知識人からは種々の懸念や注文が出されていた。西洋と比較して「日本では婦人の実力が十分向上しないのに、法律や制度上の平等が実行された傾向があります」(北岡壽逸「新法律と婦人の地位」

『婦人朝日』二巻九号、一九四七年）という指摘は、その一つである。このことは政府の政策にも影響を与えることになった。学校教育のみならず、社会教育も生かして女性の「実力」向上が目指された。ここでの「実力」には、教育や家庭生活など多様な中身を含んでいた。働く場と同様、暮らしの場においても、価値を認めてもらうため、それに相応する「格」を備えるべきとする考え方である。「格」の向上が、女性を対象として政策的に進められたのである。

一九五〇年代に推進された、新生活運動もその一つである。鳩山一郎首相の提唱をふまえて設立された新生活運動協会は、「婦人の地位向上」を目標の一つに掲げた（松田 2012）。「地位向上」という表現は興味深い。なぜなら、法的には男女平等であっても、事実上「地位」が低いと見なされていたからこそ、このような目標が掲げられたといえるからだ。その際に、政策的には「権利の承認」を徹底するより、むしろ「価値の承認」の機会づくりが推進された。具体的には、婦人会を母体とした新生活学校などの取り組みを通じて、女性の「格」の向上が再び求められるようになった。

政策の側ではなく、人びとの側ではどうだったのだろうか。東京都田無町の主婦のグループである「どんぐり会」の記録ノート（田無市史 1992）は、当時の女性の生の声がうかがえる点で貴重である。その叙述によれば、同グループでは、一九五八年の婦人週間の機会に「婦人の地位」について話し合われた。「先ず家庭における婦人の地位」について話し合われ、「主婦も経済力をもつといふことが大切」とノートには記された。次いで「社会におけるその地位」については、「本当に自覚した協同運動により、信念を勇気をもって、結局好い意味での女よ強くなれでなければ地位は高められない」と記された。「家庭」と「社会」の二つに分けて「婦人の地位」を論じている点に、戦前同様、女性の人格承認が複数の場で必要となる難しさが示されている。他方で、戦前との違いもあった。もっとも大きな違いは、女性の地位向上の正当性が、台所を担う点に求められなくなっている点だ。経済力を持つことや「協同運動」による社会的地位上昇が、重視され始めている。「権利の承認」が進んだことが、「価値の承認」の追求に影響を与えていることがわかる。この点を、以下より詳しくみよう。

対等な生き方とは?――どんぐり会の論説から

ここで注意しておきたいことは、この時期の主婦の暮らしの場への関わりは、政府主導の運動の枠組みに収まるものではなかったという点である。どんぐり会は、原水禁運動や安保闘争など平和と安全保障の問題に関わりつつ、同時に地域における生活の問題を取り上げ続けた。具体的には、母子衛生や子どもの交通事故防止、ごみやし尿の問題、下水道の整備、水害などである。なぜ、どんぐり会では、地域における生活の問題から安全保障に至るまで幅広い問題に関わっていったのか。この点を、会報『田無どんぐり』四六号(一九六六年)の巻頭文である、

「このごろ思うこと」に即して考えてみよう。

この文章では、主婦の余暇が多くなるなかで「人生をどう生きるか」という点に関して、女性が、夫や子の「よき妻であり母」となることが、「生きがいのある人生」であるという考えを否定的にとらえた上で、以下のように述べる。

> まず私たちは、妻であり母であると同時に、自己自身が一人の人間として成長しなければならない、という自覚がなければならないのではないでしょうか。（中略）もし女が、一人の人間として自己自身の成長を真剣に考えはじめるならば、「私は主婦なのだから」と居坐ってしまうことはできないでしょう。夫や子どもをはなれた自分というものを考えて歩き出したならば、妻であり母であるためにおきる悩みや苦しみにぶつかり、ときにはもっと根元的な苦悩にぶつかるかもしれません。（中略）この悩みと苦しみとのたたかい、自己自身の変身のたたかいのなかでこそ、私たちは主体性を確立することができるのではないかと思います。／あなたの夫も、あなたの子どもも、人間である以上、みんなこのたたかいは、まったく自分だけでしかかちとることのできない道なのです。たとえ妻であっても母であってもこれだけは口出しも手出しもできないことなのです。

以上のことをふまえ、「女は、一人の人間としての自己《ママ》のめざめ、悩み苦しみながら成長し、主体性が確立されることによってはじめて、老いても、誰とでも、人間として対等の愛情と理解のうえにたつ会話ができるようになるのだと思います」と締めくくった。

興味深いのは、「主婦」という特定の属性に「居坐る」ことなく、「女」は「一人の人間」として主体性を確立することを強調している点、しかもそれは、女性だけでなく、夫や子も同様に、「悩みと苦しみのたたかい、自己自身の変身のたたかい」を通じて主体性を確立することを論じている点である。すなわち主婦という「属性」に居座ることをネガティブにとらえ、「人間」としての成長を主張している。その点で、働く場同様、開かれた見方に変化していることがわかる。ただしそれは、「人の尊厳」をそのまま肯定するのでなく、「一人の人間」に価値を求め「人間」としての成長(その意味での「格」の向上)を求める議論であった。

難しいことかもしれないが、「一人の人間」に自ら立脚することで、家族を超えた人間同士の対等な関係を創出できる。「一人の人間」として成長することへの価値意識が、暮らしの場において、政治主体である「市民」を生み出した。そのことが、地域社会の問題から安保にいたるまで幅広い課題に取り組む運動の基礎となったのである。

松村美與子の述懐から読み取れること

女性の動きに関して、もう一つ取り上げておこう。三島母親の会は、一九五五年に開催された第一回日本母親大会の前に作られた会で、原水禁運動、保育所創設、内職の場の創出、狩野川台風の際の困窮者救援などの活動を行った。参加したメンバーは、夫が三島市に所在する国立遺伝学研究所の所員など、比較的生活に余裕のある人々が中心となった。その一人であった松村美與子は弁護士の父親を持ち、高等女学校を卒業後に、のちに国立遺伝学研究所の所員となる松村清二と結婚し、海外での活動経験も有していた。夫が遺伝研の所員であった母親の会のメンバーは、松村の他にも存在した(沼尻2007、以下、松村についても同様)。

松村が運動に携わった個人的な動機は何か。松村は、「末っ子も小学校高学年になって、だいぶひまになりました」という。すなわち、余暇をもてるようになった点が重要である。点字を習おうかと考えていたところ、友人から「母親の会」への参加を誘われた。「無駄な時間を無駄には過ごさなかった」と松村はいう。時間に余裕が生じたポスト子育て期において、家族の外側での価値ある活動に取り組むことを目指したといえよう。

活動には、生活に困窮する周囲の人びとに寄り添い、救援するものが多かった。その一つとして内職の機会を作ったことについて、松村は「その頃みんな生活が苦しかったから、内職しなければやっていけない人がたくさんいました。私達で何か内職をつくってあげようと。それでまず、旅館の丹前の仕立て直しを引き受けてきた」と述べた。動機については、さらに次のように回顧する。

今から思うと、私は、弱い立場の人に同情心を持つようなところがあったようです。(中略)運動している頃、「あんた、そんなんゴマメの歯ぎしりや」と、母によく言われました。でもやっぱり三つ子の魂百までで、私はプチブルにすぎないと思います。でも、それが嫌だ。そういう矛盾したものが、自分の中にあります。

自らの階級性(「プチブル」)を認め、矛盾していると気づきつつも、「弱い立場の人」に寄り添う。すなわち、自らに存在する他者への共感を大切にしようとする考え方である。「人の尊厳」(=権利)のレベルではないが、狭い意味での自分の「格」の向上よりも、広い意味での「人」(=他者)への関心を優先し、実感に基づいて、実践できることを実践していこうという姿勢であった。

以上の松村の述懐は、『田無どんぐり』と重なるところが多い。『田無どんぐり』の主婦たちの階層は不明だが、三島母親の会の中心メンバーは新旧中間層に位置する人が多かった。時間的な余裕が生じるなかで、「新たな生き方」を模索するようになり、家族の外へと活動の場を広げ、社会の諸問題に関わろうとした。ただし、活動の正当性の根拠について、「このごろ思うこと」が、「一人の人間」として主体性を確立する点を強調したのに対し、松村は、自らが「プチブル」であることを認めつつ、弱い立場の人に同情心を持つ点を強調した。松村の述懐には自己向上や主体性の強調があまりみられず、自分の中の矛盾を認めつつありのままに感じたことを行動に移すという姿勢が強い。「母親」という属性にまつわる価値を肯定的にとらえる一方、家族の外側での価値あると見なせる活動に積極的に取り組んだ。このように、主婦のなかでもバリエーションは存在したが、他者の状況・問題に対する関心・共感という点は、共通にみられたのである。

主婦が家族の外で暮らしの場に関わろうとしたのは、自身が、ポスト子育て期の時間を「新たな生き方」に費やそうとしたからであった。このような主婦が地域社会のなかで一人前と見なされることは、後でみるように、簡単なことではなかった。しかし、諸要求は自治体政策に反映されていく。

戦後日本の生活保障に関する政策は遅れ、高度成長期においては自治体福祉として進むことになるが(大門 2015)、その際に、地域社会における主婦の運動が、価値ある内容として受け取られ政策に反映されていったのである。このことは、革新自治体の主要な政策の一つが福祉にあった点に鑑みても、容易に理解できよう。

男性労働者と暮らしの場——「市民」としての活動

注目されるのは、主婦の動きだけではない。有産者や地元経営者中心の保守政治に対して、男性労働者や知識人なども、暮らしの場で「対等にふるまう」ことを目指した。ここでは、その一例として、石油化学コンビナート進出阻止のための三島・沼津・清水二市一町における住民運動を取り上げよう(以下、本項は酒井 1984、星野・西岡・中嶋 1993 を参照)。

静岡県が一九六三年に第二次石油化学コンビナート計画(第一次計画は頓挫)を発表した直後から住民の同計画への反対運動は始まり、そのことが自治体の意思決定に大きな影響を与えた。本書の視点からみた場合、まさに暮らしの場から発せられた公害防止運動と位置づけることができる。その論理を考える上で重要な言葉が、「市民」である。

コンビナート建設が発表された翌日、三島市ではこれに反対することなどを目的とした市民懇談会が発足した。ここには、社会党、共産党、三島地区労など市内の諸団体とともに、先に紹介した三島母親の会も参加していた。その後、同懇談会を母体として広範な市民層に呼びかけるべく「石油化学コンビナート対策三島市民協議会」が結成された。「(三島)市民」という言葉を用いている点に特徴がある。

名称に関して、運動の当事者であった酒井郁造(元学校教員、当時静岡県議会議員、日本社会党所属)は、「反対期成同盟」などの名称は「革新系の団体が使用した既成の組織という印象を与えやすいし、この際保守層の大半までを含めて組織するためには、住民の自発的な運動の結集体という感じを与える市民協議会の方が適切であり、組織の拡大に役立つ」と振り返った。運動には労働組合や革新政党が主体として関わっていたが、「市民」という言葉で団体性や政党色を出さないようにして、保守層も含めた参加者同士が対等に承認しやすい関係づくりを目指したのである。有産者や地方経営者が保守政治とリンクする傾向の強い暮らしの場において、労働者らがどのように自らが価値ある存在として承認され連帯が可能となるかを考えたのだ。

こうして、すでに活動を始めていた主婦や地方有産者も、運動に参加しやすくなった。長谷川泰三三島市長がコンビナート進出拒否を表明したことで知られる集会の名称も、「石油化学コンビナート阻止三島市民大会」(一九六四年五月二三日)であった(図2-3)。集会当日は、主催者である町内会連合会や婦人連盟代表だけでなく、労働組合、主婦、三島商工会議所や商店街の代表など市内の幅広い立場の人びとが参加した。

図2-3　1964年5月23日に開催された市民大会の様子(三島市郷土資料館より画像提供)

学習会のもった意味

「市民」という名称だけではない。学習会も、対等な関係づくりと、運動の正当化論理を鍛えるうえで重要な意味をもった。主に沼津市を対象としてこの運動を先駆的に検討した宮本憲一は、学習会が運動を拡げる機能をもつことに注目していた。運動のなかでは高校教師たちが、公害の被害のあった地域で直接話を聞き写真撮影をし、それらを学習会で活用した。教師たちは「真理をいかにして具体例でくりかえし教えるか、個人の心にそれが焼きつくようにするか」を実践的に示し、参加者たちは「自己学習をした成果をもって、市長交渉や企業交渉を繰り返」した(宮本 1979)。学習会活動を通して、他者への共感と自己の向上がともに育まれ、その結果市当局や企業と対等にふるまうことができるようになることが強調され、興味深い。

コンビナート建設予定地となった三島市中郷地区では、コンビナート建設に伴う大気汚染がすでに生じていた四日市への視察と、その報告会が開かれた。それを聞いた主婦らは、四日市の実情をさらに他の人びとに広げる役割を担った(飯島・西岡 1973)。視察に参加した青木梅子は、四日市では洗濯物が外に干せない実情を知り、住民から「絶対に反対してください」と泣きながら言われ、「身体の芯のほうで、これは絶対に来ちゃあいけないんだって、痛切に感じましたよ」と証言した(酒井 1984)。赤地あさは「視察旅行から帰ってくると、阻止運動にますます力が入りました。特に女の人たちはみんな、子供のためにと、頑張っていました。当時『集まって』と一声かければ昼間でも夜でも、あっという間に二、三十人の仲間達が集まったもんです。スライドや録音テープを使ったミニ座談会を、毎日のように開いた」と回想した(赤地 2001)。

このように、学習会は、調査者から学習者へ、さらには学習者の認識がその家族へ、その家族から他の住民へと伝播することとなった。学習会が「場」を設定し、参加者が四日市の実情を共有するとともに、身近な環境を守る価値を認識し、そのことを媒介に運動が広がり、互いが承認し合っていった様子がうかがえる。

こうして、公害は、暮らしの場の問題として人びとの間で共有された。その認識は、自治体とも共有されていった。その際に重要であったことは、国立遺伝学研究所の変異遺伝部長であった松村清二を団長とする調査団(通称、松村調査団)が長谷川泰三市長の委嘱により発足したことである。松村調査団は、政府が委嘱して発足していた調査団(黒川真武元通商産業省工業技術院長が代表)に対抗したのである。松村調査団は、調査員となった西岡昭夫沼津工業高校教諭の指導のもとで鯉のぼりを利用した気流調査を行うなど、住民と協力して迅速に調査を進めた(星野1968)。これらの調査に基づき、一九六四年五月に松村調査団が公表した公害の恐れは十分にあるとする中間報告は、強い影響力を持った。長谷川市長は、前述した五月二三日の市民大会の席上、この中間報告をもってコンビナート進出拒否を表明した。六月一八日の市議会において、石油化学コンビナート進出阻止決議案が全会一致で可決された(酒井1984)。

人びとは、学習会で得た情報や知見——公害の被害に関する実態とそのことが我が身にふりかかる恐れ——で、身近な環境(水や空気)が社会財であることを知り、環境を守るための価値ある存在として自らを考え、同じ考えを持つ他者と「市民」として互いに承認しあった。そのことが、国・県主導の地域開発計画を覆すというかつてない運動の原動力になったといえよう。

「全日制市民」としての主婦の運動——一九七〇年代

都市における問題に取り組んだ主婦たちは、一九七〇年前後から「全日制市民」と呼ばれるようになった。ここでは、一九七〇年代の事例として、東京の練馬母親連絡会のメンバーが進めた放射三六号道路建設反対運動を取り上げよう。

練馬母親連絡会は、先にふれた第一回日本母親大会の際に、その準備に携わった人びとによって発足したという。この会は、単一団体として活動したのではないという点に特徴がある。運動グループは個別テーマごとに存在していたが、それらのグループや個人同士の交流の場として、さらには共同での学習や行動の場として、連絡会は機能した。その活動領域は、区内における教育・福祉・消費者問題・都市計画・環境・医療・図書館など広範囲に及んだ（林 1997）。同運動に関する山本俊明の著作によりつつ、放射三五・三六号道路対策住民協議会（以下、協議会と略）世話人で練馬母親連絡会の主要メンバーでもあった平尾英子と堤園子の述懐も参照してこの運動を紹介し、暮らしの場における一人前の形成にこの事例を位置づけよう（山本 2019、平尾・堤「放射三六号道路問題をめぐる運動の経緯について」一九八〇年、立教大学共生社会研究センター所蔵）。

放射三六号道路建設が具体化した一九七〇年、協議会はこれに反対する請願を都議に提出した。請願の代表者は男性であったが、署名集めを担ったのは、四〇代から六〇代の主婦であったという。主婦が運動の担い手という意味で、前述したどんぐり会や三島母親の会と共通している。

道路建設問題は、道路から住まいの距離によって住民の利害は異なる。事実、その後の住民の動きにおいては、「反対派」だけでなく、「建設促進派」や「改良派」も存在した。そして、美濃部都知事の方針を受けて設置された放射三六号道路建設に関する調査会には、町会や「建設促進派」、「改良派」のみが加わることになった。「反対派」の協議会メンバーは、調査会に承認されなかったのである。

しかし、平尾らは諦めなかった。次に行ったことは、調査会の会議を公開にさせ、そこで得た情報を広く住民に伝えることであった。調査会の会議には「反対派」協議会メンバーが毎回十数人傍聴して議事録をつくり、これを地域の全戸に配布するとともに、会議での討議内容に対する意見書も、そのつど調査会メンバーに提出した。さらに学識経験者の調査会メンバーをしばしば訪問して、直接地元の実情と「反対派」の意見を伝えたという。平尾らは、住民の声を集録した印刷物や関係資料も準備した。これらの資料は平尾らの手によってガリ版刷で作成され、調査会メンバーなどに配布されたという。このような多大な労力を用いた情報公開・共有を媒介として、調査会に入れなかった「反対派」協議会メンバーは、調査会メンバーと対等にふるまうことが可能になっていった。一九七五年三月、調査会で出された提言には、協議会が重視した情報公開や合意づくりのプロセスを重視することが盛り込まれた。

その後においても協議会は、地域住民の個々のニーズを直視しそれらを認め、柔軟な方針を立てて運動を進めた。都の財政難を理由に三六号道路建設が見送られた際に協議会は、道路下に建設予定であった地下鉄の敷設を先行させる意見書を知事に提出した。交通の便を高める住民の意見が強かったこと、道路用地内の住民が地下鉄建設補償によって一定程度救済されることを考慮しての選択であったという。このようなスタンスが、協議会の運動が「反対派」以外の住民から認められるうえで重要な意味を持った。こうして地下鉄建設決定後に、平尾らは「改良派」のメンバーも含む地元住民に呼びかけ、新たに地下鉄八号一三号線対策連盟を発足させることができた。

帝都高速度交通営団との交渉の際には、新たな問題が生じた。当初、営団側は連盟を交渉相手として認めようとしなかった。連盟に入っている人だけが住民ではないし、町会の了解も得る必要があるというのが、その理由であった。しかし、平尾らが営団に対し地域代表の団体として同連盟を認めさせ、さらには連盟が営団側と協定書を調印することが可能となったのは、連盟の幹事会が膨大な時間を費やして、交渉や連盟内での話し合いを続けたからであった。

こうして、平尾らは、地下鉄建設に地域社会の利害を反映させた。その後、東京都から三六道路建設の打診を受けた平尾らは、その一部建設を認め、地域住民の生活環境に配慮した三六号道路を実現させた(山本 2019)。

このように、一九七〇年代の練馬の場合、主婦たちの社会財要求をめぐる運動は、決して平坦な道のりではなかった。多大な時間と労力をかけて、道路や地下鉄建設に関する膨大なデータを収集して学習し、それらのデータに関する情報公開や情報共有を進め、かつ、地域住民の種々の利害を自ら調査しそれらに寄り添って柔軟に交渉を進めることで、はじめて可能となるものであった。自らを「価値ある存在」と相手に認めさせることで、社会財を整備する担い手になり得たのである。練馬の事例は、一人前として承認された主婦の活動の特徴を示している。

家族のなかの「対等」とは?

家族の外で一人前として承認されたとしても、家族のなかでの夫との軋轢は、なお存在し続けた。どんぐり会の中心メンバーであった鳥海志げ子は、以下のように語っている。

私は、どんぐり会のあゆみをふりかえったとき、多くの去っていった友人たちを、涙なしに想うことはできないのである。/「女のくせに生意気だ」「家のことを放っておいて……」と、女なるがゆえに受けた不当な非難、中傷はいうにおよばず、お定まりのアカ攻撃と革新政党の圧力を、どんなに憤り、なげき、苦しみながら耐えたことか。だから、それに耐えきれずやめていった人はもちろん、とくに夫からの批判には抗しきれず、手をとりあって泣きながら去っていった人には、いいようもない想いが残っている。(「どんぐり会の由来」『市民』一号、一九七一年)

三島母親の会の松村も、「松村夫人、遺伝研の先生の奥さん」だからついてきた人の存在を後になって気づいたと述懐している。女性にとって、一人前と見なされることは、家族の外側に成立した暮らしの場だけの問題でなく、家族のなかの夫婦間、母子間の問題であり、夫中心に家族をみる社会の問題でもあり続けた。

一九七〇年代、女性の解放論における主婦の位置づけをめぐり、「主婦論争」が交わされた。有用な才能と労働だけにしか価値を認めない社会のあり方を批判し、産業社会の論理ではなく、人間社会の論理に照らして何が最も価値あるものなのかのとらえ直しが行われ、主婦こそ解放された人間と考え、「私たち主婦は、『人間らしくあること』を、あらゆる思考と行動の原点として生きてゆきたい」という主張が現れた(武田 1982)。これに対して、実際には夫の「社縁」に縛られ、「母子一体の社会通念」が「母と子をがんじがらめにしている」、「多くの主婦は、自分の生き方に疑問を感じたとしても、その生活をなかなか変えられない」という批判が出された(伊藤 1982)。

この論争においても、一方で暮らしの場における主婦の運動が「人間らしさ」の体現の一つだとしてポジティブにとらえる議論と、他方で現実の主婦の生活が夫との関係や子との関係に縛られている点でネガティブにとらえる議論とが、鋭く対立していた。

しかし、ここで引いた武田の議論と、ここまで取り上げてきた運動の論理とは、その内容が異なる。武田の議論では、主婦が生活時間に生きる存在であり、主婦であること自体が「人間らしく生きる」ことであった。これに対して本書で取り上げた主婦の運動は、『どんぐり』にみられるように、「主婦」に「居坐る」のではなく、「女」として、「一人の人間」として対等な関係を築こうとするものであった。それゆえ、同様の論理を夫や子にも求めた。練馬の「全日制市民」としての主婦の運動は、「母親」を冠した団体であり「一人の人間」になることを目指すものではないが、多くの時間と労力を費やして自らを価値ある存在として承認させ、対等な関係を築こうとした。バリエーションはあるものの、特定の場において、他者に対して対等な関係を築き、暮らしと結びついた社会財の創出を通して自らが評価に値する存在であることを認めさせるという運動だったことは共通している。本書で述べる「一人前」が実現していたのである。

主婦論争では、どのような生き方に価値があるのかが議論された。しかし論争は、主婦が家族の外側において自ら「価値ある存在」として社会財を創出しつつ承認を受けた点に関して、必ずしも光をあてなかった。本書は、この点に注目したといってよい。しかし、そのような運動の到達点からみても、家族内の関係は、なお対等とは言い難かったのである。

四　人並みを話し合いで勝ち取った社会――小括

「人」も「格」も

敗戦からの復興をとげ一九七〇年代にいたる時期は、まさに高度な成長を成し遂げた時期だった。一九五五年に九兆円弱だった国内総生産(名目)は、一九七三年に約一二〇兆円に増大し、一人当たり国民所得は、九万八〇〇〇円から一〇八万七〇〇〇円に増えた。一一倍の増大である。この目覚ましい成長と豊かさは、人びとの活力によってもたらされたものだった。ただし、これには限界もあった。家族賃金に豊かさを求め、その豊かさが核家族を支えるようになるにつれ、男性稼ぎ主モデルが社会のなかで広がることとなったのである。

この時期は、日本の人びとが、「人」の尊厳と「格」の評価をともに追求した時期と特徴づけることができる。その土台となったのは、「民主化」による諸権利の承認だった。働く場においては労働組合が法認された。暮らしの場においては女性の参政権が保障され地方自治が認められた。このような権利の承認は、価値の承認を広げる土台となった。ただし、「与えられた」権利を自分のものにすることも同時に求められた。すなわち、人びとは、権利を我がものにするとともに、自らを価値ある存在として承認してもらうという、二つの課題を背負うことになったのである。

留意すべきは、法律で定められた権利と人びとの肌で感じる権利意識との間にはギャップがあったこと、すなわち、人びとの権利意識と制度が乖離する側面があったことである。代表的には、労働基準法、なかでも労働時間関連条項であろう。法的には「一日八時間」が権利として与えられたものの、それを守ろうとする動きは、労使政ともに極めて弱かった。人びとにとっても、残業で成長をサポートし、その分高まった賃金を手にすることが何より優先されたのである。

これは、価値の次元においても同様であった。権利承認にバックアップされて価値承認の機会は広げられたが、それを活用しようとする人びとの行動・意識との間にギャップがあったのである。たとえば地方自治が認められたとしても、誰もがそこに参加し、社会財の創出という機会を活用できるわけではなかった。そのギャップが認識されていたがゆえに、新生活運動においては女性の地位向上が目指された。

本書では、このギャップを埋めるために人びとのとった方法に注目した。その一つは、実際にギャップを縮小するという方法だった。権利については、意識を向上させることで、より権利が享受できるようにすることである。価値については、ストライキやデモなど行動を活発にすることで自らの意志と能力を高め、承認を勝ち取ることである。働く場における数えきれないほどの活動や暮らしの場で戦われた多くの住民活動がそれをよく示している。

もう一つの方法は、工夫によって、「これを権利と見なす」、「これを価値と見なす」というように、自分の近いところで権利や価値のようなものを設定することで、ギャップをギャップとして感じないようにする方法である。本章で取り上げた事例では、特にこちらに焦点を当てた。「日本は欧米に比べて権利意識が弱い」という解釈に陥らず、日本の人びとが作り上げてきた権利と価値のありようを理解できるからである。

職場や企業をわがもののように見なすことは、その典型的な例である。労働者の権利が欧米に比べて強いとはいえないが、いわゆる「従業員主権」のような見方を設定しそれを共有することで、企業における働く人の地位を日本独自に作り上げたとみることができる（本書第三章第二節も参照されたい）。一方、暮らしの場では、大衆的な結合をバックに地方自治体と話し合うことがそれに当たるだろう。政党に入る、議員として政治に直接参加する程度は欧米より低いが、仲間同士で団体を作り、地方自治体に働きかけることで自らの地位を高める方法を編み出したとみることができる。

このような方法は、いつの間にか日本の人びとが長けてきた、「逆手にとる」手法の応用と解釈することができる。前章にみたとおり、戦前、政府は人びとを価値の承認のほうに誘導してきたが、戦後も基本的にはそうであった。働く場では、労働者が企業の経営方針について幅広く発言する権利は、法的には与えられなかったが(ドイツのような従業員代表制はない)、労使間の話し合い自体は奨励された。これを逆手にとって、労働者たちは労働組合と経営との協議を常態化し、あたかも自分たちが企業に「主権」を持っているかのような見方をしたのである。暮らしの場においても状況は似ている。地域の行政に住民が直接的に参加できるルートは、直接請求制度を除くと法的には保障されていない。他方、戦前から戦後にいたるまで、政府は中間団体を介して住民を地域行政に統合することには意欲を示してきた。住民たち、特に女性たちはこれを逆手にとり、自ら中間団体を作り上げ、その集団的な圧力で(部分的には議会を活用しつつ)地域行政と渡り合い、大きな成果を生んだ。

しかし、この方法には弱点がある。その最たるものは、「権利」と「価値」の境界線があいまいになること、「価値」が重視されるにつれ、「権利」の承認が弱くなることである。これは、後述する国の性格と相まって、一九七〇年代以降、顕著に表れることとなる。

広くてより開かれた人並み

次章で追究する、企業への依存を深めてゆく日本社会の方向とかかわるため、話を「価値による承認」に絞ろう。この時期、「一人前」を求める運動の正当化論理は、その地平を著しく広げた。働く場では「同じ労働者として社会に貢献できる」こと、暮らしの場では、同じ「市民」としてそして「人間」として、社会財を維持管理する担い手として自分の地域にかかわることである。いずれにおいても、立場の弱い人に対する関心や共感が土台をなしていることに留意すべきである。

この地平の拡大は、二つの面で重要な意味を有する。一つは、人びと自身の視野が広がったことにより、承認すべき対象をより包括的にとらえることができるようになったことである。働く場における臨時工への関心、暮らしの場における生活困窮者への共感などがそれである。もう一つは、自分の立ち位置を超え、社会的統合と関連づけながら、より開かれた論理展開が可能となったことである。これには本書で「集団↓社会」の媒介項と位置づけた、産業や地域の果たした役割が大きかった。たとえば、春闘による社会的相場の形成がそれである。他地域の公害経験から学ぼうとした学習会もここに含まれよう。これらの媒介項がポジティブに働くことで、人びとは価値の承認を支える政策や制度を積極的に求めることもできるようになった。

地平の拡大が結実するにおいて重要となったのが、話し合いである。この時期、働く場においては労使の間に話し合う機構(具体的には団体交渉と労使協議)が制度的に整っただけでなく、労働者の求めに応じて実際にも頻繁に開催された。暮らしの場においても市民団体と自治体との間に多様な形態の場が設けられた。なお、一つの場を越え、場同士で活発な話し合いが行われた。これらを通して多くの人が承認の機会を得、現に承認を獲得していったのである。

価値の承認における国の役割

この時期にいたっても国は、戦前からの流れを汲み、「人」の尊厳(＝権利)の承認には消極的であった。むろん憲法にしたがって最低限の措置はとったものの、政府自ら積極的に動いたとはいえない。すでにみたように、同和対策事業特別措置法が制定されたのは一九六九年、東京都において都営住宅の身体障害者向け割当制が実施されたのも一九六九年であった。ここにいたるまで戦後二〇年以上が費やされたのである。一方、女性差別の禁止については手つかずのままであった。外国人、特に在日コリアンに対する法的措置などもまだ緒についていなかった。

政府が力を入れたのは、「格」の評価(＝価値)であった。その意味では、人びとを「格」の評価に誘導しようとした戦前以来の方針が維持されたといえる。ただし、この場合でも、価値を承認するメカニズムを制度化することには消極的であった。働く人の価値の最低限を公定する最低賃金法が制定されたのは一九五九年で、公労使の三者で構成する審議会方式に移行し、最賃が制度的に機能し始めたのは一九六八年頃であった。暮らしの場においては、価値実現の土台となる社会財の整備が重要であるが、たとえば子育てや福祉、そして地域インフラと環境などを制度的に保障しようとする政府の動きは決して俊敏ではなかった。「公害国会」で公害対策基本法が改正されたのは一九七〇年、政府自らが「福祉元年」と名づけたのは一九七三年だった。社会財をめぐって自治体と話し合いをし、それを介して自分の価値を実現しようとした地域住民、特に地域女性を、法令・条例で承認するための制度構築には消極的で、反対に教育委員の公選制は一九五六年に廃止された。地域の意思決定に必要な審議会などに地域住民・地域女性が委員として参加する制度は存在したが、練馬の事例からわかるように、委員になれない場合もみられた。

では、政府は何をしていたのか。価値を承認するメカニズムを制度化することではなく、価値の承認に有利と思われる環境を作ること、ほかならぬ経済成長こそが政府の意図したことであった。その通り、経済成長は成し遂げられたのである。むろん、成長のプロセスは不均衡で、すべての人びとに価値実現の環境を平等に与えたわけではない。産業的には重工業、地域的には首都圏・中京・関西、規模的には大企業に偏った成長であった。しかしながら、この時期にはまだ「トリクルダウン効果」(高所得者が豊かになると経済活動が活発化し、低所得者にも豊かさが広がるということ)があり、成長の遅れた産業、地域、企業の境遇も改善されていった。その結果、比較的不利な立場に置かれた人びとにも、価値実現に必要な最小限の環境は提供されることなったのである。

すなわち、成長という「免罪符」が、価値承認の制度構築に消極的だった国の立場を正当化したが、そのことに多くの人びとが気づかなかった、無関心だったのが、この時期の大きな特徴の一つといえる。しかしながら、「免罪符」は無期限のものではなかった。高度成長が終わりを告げるにつれ、政府は「何かをやらなければならない」状況に置かれた。具体的な政策選択を迫られる時代となったのである。章を移してそれを考察しよう。

第三章　陶酔と錯覚——一九七〇年代～一九九〇年代

一　「日本的」なるものと新たな「価値」の噴出

少数者と人格承認

先進資本主義諸国では進展していた福祉国家化は、日本では遅れていた。世界的にみれば、一九七〇年代以降、福祉多元主義の議論が展開し始めた。福祉国家のあり方が見直され、福祉の担い手としての非公的セクターに注目が集まるようになった。前述のように、日本政府が「福祉元年」と呼んだのは一九七三年。取り組みは、いわば周回遅れの状況となっていた。

他方でこの時期には、少数者の人格承認をめぐって新たな展開が世界にはみられた。そのきっかけとなったのが、国連を中心とした国際的な人権確立に向けての動きである。国連総会での採択をふまえ、一九六九年に人種差別撤廃条約、一九七六年に国際人権規約(社会権規約、自由権規約、自由権規約についての選択議定書)が発効した。一九七九年には女性差別撤廃条約が採択され、一九八一年に発効した。一九七一年に知的障害者の権利宣言、一九七五年に障害者の権利宣言が採択され、一九七六年には、一九八一年を国際障害者年と定めた。

これらの国際的な動向に対する日本政府の取り組みは、積極的とはいえなかった。国際人権規約に日本が批准(ただし、選択議定書は批准せず)したのは一九七九年、女性差別撤廃条約は一九八五年、人種差別撤廃条約にいたっては国会で承認されたのは一九九五年のことであった。国際障害者年に関して、同年における政府の取り組みは記念事業や啓発活動が中心であった(杉本 2008)。ただし、国際障害者年のテーマであった「完全参加と平等」は、その後の政府の政策に対し徐々に影響を及ぼしていった。

これらの国際的動向を受けて活発になったのは、女性や非差別部落の人びと、在日コリアンや障害者などの、少数者による諸運動であった。少数者による種々の要求が、裁判を通して、あるいは政府・自治体への働きかけを通して、制度的に結実するようになった。以下、その具体例をいくつか取り上げよう。

一九七〇年には、在日コリアン二世であった朴鐘碩《パク・チョンソク》が、在日コリアンであることを理由に一方的に採用を取り消されたことを違法として、日立製作所を相手取って訴訟を起こし、一九七四年に原告全面勝訴の判決を得た。裁判闘争は、地域における民族差別撤廃の動きにつながった。在日大韓基督教会川崎教会の牧師であり「朴君を囲む会」発起人となった李仁夏《イ・インハ》らは、川崎市に対して在日コリアンに対する社会福祉政策の適用と「差別行政」の撤廃を訴えた。これらの運動を受けて、川崎市では、一九七〇年代から在日外国人への国民健康保険などの社会福祉制度の適用を行った(加藤 2011)。国が、国民年金法などの国籍条項を外したのは、難民条約批准後の一九八二年一月であった。しかし、外国人登録法に基づく指紋押捺制度は残り続け、同法による指紋押捺制度が廃止されたのは二〇〇〇年であった。

一九八〇年代には、のちに当事者運動と呼ばれる新たな形での人格承認への動きも胎動する。重度障害者の運動では、国際障害者年を機会に自立生活運動が紹介され、一九八六年、日本で初めてとなる自立生活センターが八王子市に開設された(中西 2014)。障害者が当事者として、福祉サービスの受け手としてだけでなく担い手にもなって、自らのニーズを自ら表現することを通じて社会変革を目指したのである。ニーズを同じくする人同士で団体を作り、自ら福祉サービスの担い手になるということは、前章にみた「人間として」「人間らしく」という価値を求める運動とは大きく異なる。特定のニーズに即して深まりのある価値を共有するものであった。このような考え方は、「当事者主権」として、一九九〇年代以後の日本社会に継承されていった。

家族を媒介とした認定

他方で、性別役割分業の枠組みに基づく家族を受け皿とした国による人びとの認定は、むしろ強化された。一九八〇年代は、「日本型福祉社会」として、企業で働く夫が家族を養い、妻が家事を担う性別役割分業が政策的に強化された時代であった。一九八五年の年金改革により基礎年金が創設され、妻名義の年金が設定された。専業主婦の年金制度が整備されたことには意義があったが、支給水準は低かった。そこで選ばれたのが、基礎年金制度の導入に伴って創設された「第3号被保険者」であった。サラリーマンの妻の年収が一定以下の場合、「第3号被保険者」になれば、基礎年金保険料は徴収されない。妻は家事専業かパートで年収を抑え、夫の扶養家族になる方向にインセンティブが働いた。一九八七年の税制改正においては、所得税において配偶者特別控除の制度が創設された(大沢 2002)。

本格的な高齢社会化が進む過程で、高齢者福祉においても、家族に役割分担が求められた。一九八〇年代、政府は家族の機能が弱まったことを認識し、「自立した個人」を基礎とする社会を展望し始めた。一方で政府は、この時期「臨調・行革」路線のもと、財政支出の抑制方針をとり、家族は「相互扶助の精神」を担うものと位置づけられた。すなわち、高齢者の家族が扶養・介護に労力を提供し、それだけでは高齢当事者のニーズが充足されない場合に、社会的援助が行われる仕組みづくりがなされた（原田 1988）。性別役割分業の浸透に鑑みて、妻や女性が老親の介護を担うことが期待されたのである。

このように政府は、年金や高齢者福祉において個人を意識し始めたものの、実際には、家族を受け皿とした政策が実施された。女性が男性同様の承認を社会から得たくても、性別役割分業を前提とした諸制度が立ちはだかっていた。

「個性」が問われる時代

しかし、性別役割分業を前提とした政策にも、確実に変化は生じていた。その一つの重要な契機となったのは、やはり国際的な動向である。女性差別撤廃条約は教育にも影響を与えた。高等学校の「家庭一般」が、女子のみ必修という点が問題となったのである。一九八〇年代初頭、文部省は「教育的配慮」として方針を変えようとはしなかったが、その後方針を転換し、一九八九年の学習指導要領に基づいて、中学校では一九九三年度から、高校では一九九四年度から、男女共修の家庭科となった（横山 2002）。

「人格」の内容に立ち入った議論や政策も取り組まれた。そのことを象徴的に示したのが、臨時教育審議会（臨教審）の発足であった。臨教審は中曽根康弘内閣直属の審議会として、一九八四年に設置された。以後、一九八七年にいたるまで四回の答申を出し、その後の日本の教育に大きな影響を与えた。答申における重要なキーワードの一つが、「個性」であった。

臨教審における「個性」重視は、戦後における画一主義的な教育批判とセットであった。これには産業界の要請が強く反映されていた。オイルショック後、企業は、自ら製品開発を行って販路を開拓する──他方で、出向先でも柔軟に対応する──労働者の能力を新たに求めた(渡辺 1988)。「個性」が、企業で働くうえでの能力や競争原理との関連で、政策的に把握され始めたのである。今までみてきた「人格」の「人」と「格」への分離と関連していえば、政府は新たに「個性」という「格」を重視し始めたといえよう。ただし、「個性」をどのようにとらえるかという点では、一貫した政策がとられたわけではなかった。その後臨教審は、学校でのいじめ問題が噴出するなかで、心の問題と教育における家族の役割を重視するようになっていった(小玉 2001)。

一九八〇年代には、暮らしの場においても、消費社会との関連で「個性」が意識された。高度成長によって大衆消費社会が進展する過程で、一九七〇年代以後はむしろ、消費においてイメージによる差異化が図られるようになった。吉見俊哉は、パルコによる渋谷公園通り再開発を例に、都市空間をセグメント化し、それぞれのセグメントに一定の記号を付与することで街全体が劇場として演出される点を指摘し、そのことを都市のメディア化と呼んだ。「消費者の異なるテイスト(「個性」)に応じて空間を分割し、その雰囲気自体を完結的に演出していく方針がとられた」という（吉見2009）。ここでの「個性」は、新たにセグメント化されたイメージを選択するさいの個人の好みを指した。仕切られた構造は、渋谷という一地域だけでなく、他の都市やテーマパーク、テレビ、雑誌、すなわち社会全般に広がり、人びとは絶えず選択を迫られることで、つねに「個性」が意識されるようになった。それは、臨教審答申のなかでの「個性」とも、働くことを通した自己実現との関連での「個性」とも異なる。消費を通して、新たな主体性が喚起されたのである。

雇用の内部化を政策的にサポート

企業が求める「個性」なるものを先にみたが、働く場においてこれは、なにより「質」が保障される働き方という文脈で受け止められた。高度成長期には、とにかく失業さえせず雇用が維持されれば物質的な豊かさにアプローチできたが、ある程度の豊かさが獲得できたいま、仕事の質も重要というわけである。この「質」は、基本的には企業のなかで高めるべきと考えられ、このような考え方をサポートするため、政策の転換が行われた。その代表的なものが、一九七四年に行われた、失業保険法から雇用保険法への移行である。

従来の失業保険法は、失業が生じた後の保険給付に重点を置くもので、ヨーロッパのような職種別労働市場を想定し、失業給付を活用して労働者の企業横断的な労働移動を促進しようとするものだった。しかし、新たに制定された雇用保険法は、失業が生ずる前の予防措置に主眼を置くものだった。そして、一九六〇年代以降、社内訓練・応援・配転など企業のなかで発達してきた慣行を活かし、雇用を調整する必要がある場合も、解雇を抑え労働者を企業に留めようとするものだった。その重要な政策手段として設けられたのが「雇用保険三事業」であり、なかでも「雇用調整給付金制度」だった。これは、オイルショックで雇用調整を余儀なくされた事業主に、給付金を与えることで解雇を防ごうとするものだった。実際に多くの企業が活用し、以後、「雇用調整助成金制度」に趣旨と名称を変えながら、いまでも雇用の維持に大きな役割を果たしている(労働政策研究・研修機構 2018)。

こうして、労働者が企業のなかに留まりながら賃金上昇と昇進をはかる「労働市場の内部化」が、大企業の範囲を超えて日本社会全体に広がった。これには司法の働きも一定程度寄与した。その典型的なものが、解雇権濫用法理の確立と「整理解雇四要件」判例の形成である。

前者は、経営上の事情によらない「普通解雇」において、「それが客観的に合理的な理由を欠き社会通念上相当として是認できない場合には、権利の濫用として無効となる」ということである。通常、解雇に値すると思われる「社会通念」の程度は厳しいゆえ、この法理は解雇の抑制に役立った。対して後者は、経営上の事情による「整理解雇」を規制する法理である。判例の積み重ねによって、①人員削減の経営上の必要性、②整理解雇を回避する努力義務の履行、

③被解雇者選定の合理性、④労使協議など手続の妥当性という四つの要件を満たさなければ、当該解雇は無効となるという法理が確立した。日本の場合、経営が困難になっても解雇は難しいという認識があるが、それはこの法理の影響によるところが大きい。以上でわかるように、企業の内部で形成した慣行を政府がサポートすることで、この時期、「労働市場の内部化」はますます強固になっていった。

しかし、企業への定着が社会の「標準」になるとともに、この標準に収まらない層の多様な姿もくっきりと現れ、新たな政策が必要になってきた。その典型が女性だった。

この時期、世界的には女性の働く場への進出と社会への参画が進んでいたが、日本は後れをとっており、その分、国際的な圧力も高まった。女性差別撤廃条約に批准した一九八五年、日本政府は批准に必要な国内法整備の一環として男女雇用機会均等法を制定した。外圧を借りて、やっと男女間の「機会均等」が法的に認められたのである。長い間争われてきた、女性に差別的な定年制度などは、この法によって禁じられた。

しかしながら、同法の「均等」規制は極めて不十分だった。従来女性差別の土台とされてきた「募集・採用・配置・昇進」については努力義務だけが課され、禁止となった「定年・解雇」についても何ら罰則規定はなく、実効性が疑われた。現在にいたるまで男女の雇用機会均等はいばらの道を歩むことになる。

環境権裁判——権利の承認を求めて

男女平等などとは異なる領域において、「人」と「格」のうち、前者(人の尊厳＝権利)を要求する新たな動きも登場した。その一つが「環境権」を求める動きである。一九七〇年に公害対策基本法が改正され、一九七一年に環境庁が設置されたのは、公害の抑止という暮らしの場の要求を国が積極的に受け止めたという意味で重要であった。しかし、人格承認の視点からみると、公害対策基本法は、公害対策を講じることで国民の健康の保護や生活環境の保全を目的とするものであり、人びとが有する環境権を認めたものではなかった。

これに対して、一九七〇年に東京で開催された「公害問題に関する国際シンポジウム」の「東京宣言」は、「人たるもの誰もが、健康や福祉を侵す原因にわざわいされない環境を享受する権利と、将来の世代へ現在の世代が、のこすべき遺産であるところの自然美を含めた自然資源にあずかる権利」を基本的人権として確立することを謳った。一九七二年には、北海道の伊達火力発電所建設禁止請求の裁判が始まった。これは、その後各地で提訴された環境権裁判の嚆矢として知られる。この裁判の原告団は、環境権について、以下のように述べる。

憲法一三条の「幸福追求権」、同二五条の「生存権」等々を、眺めて、溜息をつきました。諸々の権利を設定し、それらを背景に火力公害の凶々しさを叩く。それもある。然し、何かが足りない。極論すれば、流れる川には、川の権利がある。山の森林には清い空気の中で、生長する権利がある。／その辺迄、踏みこんで考えぬと、私達の気持ちは、表現しきれないのではないか。漁民農民が生きる権利、市民が、豊かな自然の中で生活する権利、子供をかかえた母親達が、清い空気の中で毎日を送る権利等々を、有機的に結びつけ、それらを包括し、綜合的な主張を行う事は不可能か。／そこで、皆が、乏しい知恵をしぼり勉強して得た概念が「環境権」の主張でした。（公害問題研究会編『伊達環境権裁判―中間報告―』（一九七八年、立教大学共生社会研究センター所蔵）

重要なことは、川や森林、さらにはそこで働き生活する人々の営みそれ自体をありのままに認め、その実感を正当性の論理にして主張した点である。毎日新聞の調査によれば、「環境権裁判」は、一九七五年一一月の段階で近く提訴予定のものも含め三八件にのぼった（『毎日新聞』一九七五年一一月二三日）。この時期には、親水権や入浜権も主張された。一九七〇年代は、列島改造ブームによって開発が進みつつも、なお昔ながらの生活環境が色濃く残っている時代であった。環境権裁判が各地で提訴されたのも、この時期、そうした環境が急速な勢いで壊されていったからに外ならなかった。だが、政府は環境権を認めようとはしなかった。伊達環境権裁判も一九八〇年に判決が下り、原告全面敗訴に終わった。

振り返ると、一九六〇年代における三島・沼津・清水二市一町の住民運動は、運動に関わる人びとを「市民」と位置づけ、自治体を通しての運動によって石油化学コンビナート阻止に成功した。一方、一九七〇年代における環境権裁判は、人と自然とのありのままの関係を権利として主張し、挫折したのである。

新たに作られる生活環境

環境権が人権として認められないなかで、「環境」というキーワードを用いた政策が、関係省庁でとられるようになった。このことに積極的だったのが建設省で、従来河川行政の中心としていた治水や利水だけでなく、レジャーなどに河川を利用する「親水」を追求し始めた。一九八〇年代に入ると、「まちづくり」に関する新たな指針として、一九八一年に「うるおいのあるまちづくりのための基本的考え方」を策定した。「うるおい」という「価値」を意味するキーワードを中心に、「まちづくり」が目指された。その主体は、地域住民と地方公共団体とされたが、青年会議所や婦人会などが貢献することが期待された。一九八〇年代後半には「ふるさとの川整備事業」や「マイタウン・マイリバー整備事業」を実施するなど、建設省は新たな水辺空間の創出のための事業資金散布を進めた(沼尻 2018)。

このように政府は、環境権を認めないまま、「価値ある生活環境」の創出に邁進《まいしん》した。本書の視点からすれば、人びとが要求した権利を承認しないまま、政府は新たな価値(「うるおい」

はその象徴的な言葉)を持つ政策を提示し、地方自治体や地域の中間団体がその価値に積極的に呼応することを求めたといえる。すなわち、「人の尊厳」に必要な環境権を認めないまま、まちづくりの担い手として、「格」の評価の向上に、地域住民を誘導したのである。

個々人の私生活上の便利さ、快適さを重んじる生活スタイルとのかかわりにおいても、政府は「環境」に関する数々の政策を進めた。なかでも重要なのが、モータリゼーションに見合った道路整備であった。一般に自動車の普及は、高度成長後半期に始まるといわれる。国内の自動車(乗用車)の保有台数は、一九七〇年八七八万台であったのが、一九八〇年二三六六万台、一九九〇年には三四九二万台に増加した。道路の整備も進み、高速自動車道路の延長距離は、一九七〇年六四〇キロから一九八〇年二五八〇キロ、一九九〇年には四六六〇キロとなり、一般舗装道路の延長距離も一九七〇年一五万一〇〇〇キロ、一九八〇年五〇万八〇〇〇キロ、一九九〇年七六万七〇〇〇キロとなった(三和・原編 2010)。一九八〇年代には、内需拡大のための民間活力導入プロジェクトが打ち出され、首都圏では東京湾横断道路や外環道などの建設が開始された。「臨調・行革」路線のもとで、建設省管轄の一般会計の支出は伸び悩んだが、建設省関係の財政投融資、なかでも道路関係機関分は、一九八〇年代後半以後増加傾向が確認できる(沼尻 2018)。

モータリゼーションを通じて、大都市の人びとは便利さを獲得した。大都市以外では、鉄道やバスの廃止や減便が相次ぐなかで、自家用車が生活上必要不可欠な移動手段となる地域が広がった。トラックによる輸送も、日常生活に不可欠な存在となった。しかし、その代償も大きかった。とりわけ、自動車(特にディーゼル車)の排ガスによる大気汚染の悪化により、ぜんそくなどの呼吸器系疾患にかかる人びとが後をたたなかった。一九九六年には、ぜんそく患者が、国、東京都、首都高速道路公団、自動車メーカーを相手どって訴訟を起こした(東京大気汚染公害訴訟。宮本 2014)。環境という領域に即してみれば、環境権は承認されないまま、健康がむしばまれる問題が引き続き生じたのである。

「生きがい」を創出する政治とその限界

「価値」が政府の政策対象となったことを示す言葉として、「うるおい」とともに、「生きがい」をあげることができる。Ｗｅｂ版の国会会議録の詳細検索を用いて、内閣総理大臣の国会での発言のなかの「生きがい」という言葉を検索してみよう。一九六〇年代後半の佐藤栄作内閣の頃から、首相が「生きがい」という言葉に積極的な意味を持たせるようになったことがわかる。佐藤内閣期から一九七〇年代においては、(物質的豊かさではなく)精神的豊かさの追求との関連、あるいは高齢化社会における社会保障の必要性との関連で、「生きがい」という言葉が用いられた。使用例が増加するのは、一九八〇年代である。内閣総理大臣が「生きがい」という言葉を使用した本会議や委員会などの会議数をカウントすると、一九七〇～一九七九年は四七回であったのに対し、一九八〇～一九八九年は七六回にまで増加する。「生きがい」を多く使用した首相の一人が、中曽根康弘であった。たとえば、中曽根は一九八三年一月二四日の衆議院本会議で、以下のように述べる。

私は、政治目標の一つとして「たくましい文化と福祉の国日本」をつくることを掲げました。／戦後の経済社会の発展と個人尊重思想の浸透は、一面において、村や国、家庭や企業といった、それまで日本人の心のよりどころとなっていたものの変化する過程でもありました。いま人々は、繁栄の中でともすれば孤立感と不安感を覚えるような状況に陥っております。そうした中で、長い老後への不安、子供のしつけや教育に対する悩みなど物質的豊かさのみでは解決し得ないさまざまな問題が生じております。人々の孤立感と不安感を取り除き、こうした問題を解決していくためには、社会的連帯の中で新しい生きがいと安心とを見出させ、能動的な自己開発の力を導き出すこと、そのための環境づくりが、最も必要であると考えます。政治の光を家庭に当てることも、同じ考えに基づくものであります。

家族の変化を含め社会の変化のなかで人びとが感じるようになった孤立感、不安感を解決する、「新しい生きがいと安心」を論じていたことがわかる。「能動的な自己開発の力」という表現にも、本書の表現にしたがえば、「格」の向上を喚起している点が読み取れる。

しかし、「生きがい」は、建設省の具体的な政策に裏づけられた「うるおい」に比べると、抽象的であった。たとえば一九八四年八月六日の参議院内閣委員会で、前島英三郎が障害者の完全参加と平等の実現について質問した際、中曽根は「障害児の教育というものの一番の要請は、母親も学校も周りの人も、君でもやれるんだよ、我々の仲間なんだよ、人並みにやろうじゃないか、そういう気持ちだろうと思うんです。それを先生〔前島のこと〕は完全参加と平等という言葉で表現しているのだろうと思います。(中略)人間というものは、みんな生きがいを持ち、使命感を持ち、そして自分の全能力を発揮したいと考えて生きておる」と答弁した。しかし、前島は中曽根の答弁を「一般論的になってしまう」と批判して、障害を有した子どもたちが直面している、家から離れた遠くの学校で学ばねばならない問題を対置した。このやりとりからは、「生きがい」が具体的な政策とリンクしていないことが読み取れる。ところが「生きがい」は、その内実は曖昧なまま、その後の政治にまで継承される。

この時期は、核家族を形成する個人が、企業・地域団体に属するモデルを標準として、社会的承認と社会的統合を政策的に図ろうとした時期であった。しかし、この標準から外れる層も出てきていた。強い負荷がかけられてきた家族にも、絶え間ない豊かさの追求と子育て、介護の重圧によって、疲労が溜まりつつあった。政府は、このような現状を認識し、対応しようとして、「新しい生きがいと安心」という価値概念を持ち出し、疲弊し、孤立する人びとを統合しようとしたといえる。

しかし、本書の観点からは、「価値」によって国が個人を直接包摂・統合するのは望ましくない。包摂・統合しようとしても、適切な政策手段をみつけるのは難しい。よって、新しい「価値」ではなく、新しい「中間団体」を人びとが自ら作り出すための支援を模索すべきであるが、そちらには政府の目が向かない。この状況は、基本的には現在にまで続くこととなる。

二　企業での「自己実現」

労使コミュニケーション

一九七三年のオイルショックを転換点として、高度成長は終わりを告げ、日本は安定成長期に入った。企業は、少数精鋭による能力主義を徹底し、労働組合も雇用保障を前提とした生産性向上により積極的となった。マクロ経済的には、インフレを抑制するために、国民経済生産性の範囲内に賃上げを抑制すべきとする経済整合性論が影響力を増し、春闘の賃金波及効果は低下した。ただし、これらの対応が功を奏し、ほかの先進国がスタグフレーションに陥るなか、日本は一定レベルの成長を続けた。と同時に、所得格差も比較的低い水準に抑えられ（橋本

2009)、人びとは「一億総中流」という言葉に実感を持てるようになった。一九七九年、ハーバード大学教授エズラ・ヴォーゲルは、このようなパフォーマンスを高く評価し、『ジャパンアズ ナンバーワン』を世に出した。

このような評判が日本の人びとを元気づけたのはむろんである。しかし、世界的な評価の高まりによって何より権威づけられたのは日本企業だった。同時に、組合の企業内性格もより鮮明になった。労働者の承認要求は企業内に縮む一方、その要件を一層高度化するようになった。本書の表現にしたがえば、「格」の向上を限界まで追求したととらえることができる。すなわち、対等の地平が狭まり、企業の中で「格」を向上することが人並みの要件となった。

これは、第二章第四節であらかじめ述べたように、日本の労働者が企業の「主権者」のようにふるまうことと密接にかかわる。その下地は、少し時代をさかのぼるが、戦後普及した経営協議によって作られた。たとえば日産の場合、一九五五年に「経営協議会に関する協定書」を締結したが(一九五八年より適用)、ここでは、「次の各号に掲げる事項について、会社は組合に説明し、組合は意見を述べ、双方意見の交換を行う」と規定していた。そして、その事項としては、(一)人事及び福利厚生に関する事項、(二)営業方針、生産計画、職制等事業運営に関する事項、(三)生産秩序及び技術に関する事項などを取り上げていた。労働者の処遇と直接かかわる(一)だけでなく、経営活動の柱となる(二)や(三)などについても労働者は発言できるようになったのである。以後、労使間の協議は、企業レベルのほか、各工場レベルや部・課など職場レベルでも行うこととなった（上井 1994）。

一般的に労働組合の力は、労働者の団結を通して労働力供給の「独占」を確保することからくるといわれる。一定以下の賃金では労働サービスを売らず、独占を利用してより高い労働条件を実現する点で、この力は労働市場における規制力に基づいているといえる。これに照らせば、日本の労働組合の力は、労働市場の規制からではなく、周到なる労使間のコミュニケーションからくる。このコミュニケーションが力となるのは、たとえば工場における労使協議が整わなければ、生産がうまくいかず、経営に損失をもたらすからである。よって、日本の場合は、労使間の「顔の見える関係」の構築が、労働組合の力の源だといえる。

「企業人」としての人間形成

留意すべきは、このような構造のもと、労働者自身が「企業人」としての人間形成を目指したことである。一九五四年に結成された日産労組青年部は、その「結成趣旨書」において、次のように語っていた。「我々は、次代の日産労組及び日産企業を担う者として日頃より相互に理解を深め、切磋琢磨し、のび行く日産人形成の場を求めんとするものである」。このような考え方は、経済成長のなかでも継承された。一九八〇年代の「青年部規約」では、「私たちは日産人として、立派な人間形成の場を青年部に求める」と謳っている。

この傾向は、女性労働者にもみられた。日産では、一九六八年に新たに「婦人の集い」が発足したが、一九八二年現在、その目的は、「女性としての主体性を持った活動を通じて人間形成を図る」とされた。よって、「女性ならではの活動を進めてゆく中から、お互いの研鑽を深め働く女性としての意識を高め合」うことが目指された（日産労組「青年部手帳」一九八二年）。

ここから二つのことを読み取ることができる。一つは、戦後志向された主体性あるいは人間形成が依然として労働者に重要なモチーフとして働いていることである。もう一つは、次項で詳しくみるように、自分と異なる人への関心が薄まって対等の地平は狭まり、特定の企業が人間形成の場とされていることである。

「他人への愛と誠実」から「生産性」へ

では、戦後一貫して追求してきた人間形成の課題が、なぜ企業という狭い空間に閉じられてしまったのだろうか。一九五三年に日産労組を結成してから三〇年間にわたって日産労働組合をリードしてきた塩路一郎の文章を手がかりに、その理由の一端をみてみることにしよう。塩路は、日産労組創立記念総会に毎年参加し、スピーチを行っていた。そのタイトルを比較してみると、表3－1の通りとなる。表の上段が一九六三年から一九七四年まで、そして表の下段が一九七五年から一九八二年までである。一九七四年までは民主主義や正義、そして人間がキーワードになっていた。それが一九七五年以降になると成長や産業などに変わっている。一九七〇年代前半頻繁に登場していた「人間」という標題語が、一九七〇年代後半からはまったく姿を消していることが注目される。

この変化の背景には、「人間」に関する認識の変化があった。塩路自身の語りからそれを確

表 3-1　日産労組創立記念総会における塩路会長挨拶のタイトル

年	タイトル
1963	「自由と民主主義を守る公正な眼と心を」
1964	「民主主義こそ私たちの力」
1965	「国際的な視野と感覚を」
1966	「日産・プリンスの合併に思う」
1967	「自由化と労働運動」
1968	「国際化時代の労働運動」
1969	「平和と正義」
1970	「人間らしさと社会正義を求めて」
1971	「福祉社会をめざし，創造的な運動を」
1972	「人間と福祉」
1973	「労使の社会的責任」
1974	「人間と労働」
1975	「転換期の労使関係」
1976	「新しい成長と労使関係」
1977	「国際社会と日本」
1978	「これからの産業労使の課題」
1979	「八〇年代を考える」
1980	「国際時代への対応」
1981	「産業発展と労働運動」
1982	「ME 時代と労使の課題」

出典：日産労組『日本的労使関係を考える――日産労組創立記念総会塩路会長挨拶集　昭和 38 年(1963)～昭和 49 年(1974)』，日産労組『日本的労使関係を考える――日産労組創立記念総会塩路会長挨拶集　昭和 50 年(1975)～昭和 57 年(1982)』

認しよう。塩路は、一九七四年の挨拶「人間と労働」のなかで、世界の一一カ国の若者を対象にした世界青年意識調査を引き合いに出しながら、次のように語っていた。少し長いが、重要なので、そのまま引用しよう。

その〔世界青年意識調査の〕設問は、「君たち青年よ、人生の最大の目標、目的、それは何か」というものです。回答の一位は四二・二%で、それは「他人に対する愛と誠実」。そして二位は「働きがい」。その中身について各国別にどうなのかをみたら、日本の、特に男子は、一位が「働きがい、仕事に自己実現をかける」というのです。そして「他人に対する愛と誠実」というのはうしろの方なのです。ヨーロッパの青年は、なぜ働いてなぜ人生を送っているのかというと、その目的は愛と誠実だというのです。つまり「愛と誠実」に働きがいを感ずるということなのです。私はこの結果をみて、やはり向こうは先進国だなと思いました。日本を除いた十カ国の青年は立派だなと思いました。そして感動すると同時に、大変ショックを覚えました。何かが日本には欠けている。それはなぜなのだろうか。働きがい、生きがいというのは、言ってみれば個人限りのちっぽけなもの。日本では、その一つ奥にあるべき、より人間的な何かがない。

この時点までは塩路自身が、「仕事を通して自己実現する」という姿勢に冷静なまなざしを送っていたことがわかる。個人的レベルの「働きがい、生きがい」に対しては慎み、より広がりのある人間的な営みを求めていたのである。塩路は、働きがいを追求するに当たって、「他人への愛と誠実」にこそ重点を置くべきものと考えていた。よって、スピーチの後半で「愛と誠実」を果たすためには「労働の人間化」が必要で、「余暇と労働は不可分」と主張したのである。

しかし、一九七〇年代後半を経るなかでその考え方は変わる。一九八二年、塩路は「技術革新と労働者意識に関するアンケート」における日本と西ドイツの違いについてふれている。アンケート質問①の「技術革新はあなたに利益になるか」に対し、「利益になる」と答えたのは日本が七七%、西ドイツが三二%だった。そして、質問③の「生産性を上げることは、あなたにとって良いことが多いか」に対し、「はい」と答えたのは日本が八七%、西ドイツが二二%だった。これをふまえ塩路は、次のように主張した。

アンケートに現れたこれらの日本の労働者の意識は、今後も大事にしていかなければならない。日本の労働者の意識が西独と異なった特性を持っているのは、戦後の長い期間にわたっての、労使の筆舌につくせぬ努力の所産なのです。日産もその例外ではありません。六〇年代から七〇年代にかけて、日本の基幹産業の労使は、人間関係という近代化された労使関係を、一生懸命に作ってまいりました。それが日本経済の成功の土台なのです。前の時期と違って、企業に集約された人間関係とそれに依拠した生産性向上が称賛されているのである。この変化は、大きな意味を持つ。第二章第二節でふれた労働観を思い出そう。労働が自己実現に結び付くためには、労働対象への働きかけにおける自律性という第一の側面と、労働を媒介とした社会的評価の共有という第二の側面を併せ持つ必要があった。しかし、一九七〇年代を経るなかで、第二の側面は後景に退き、第一の側面が前面に台頭したのである。

生産性向上と生きがい

日産に即してみると、この変化のきっかけとなったのは、一九七七年から始まった生産性向上運動(「P3運動」、P3とはParticipation＝参加、Productivity＝生産性、Progress＝進歩のこと)と思われる。この運動は、その進め方において、(一)働きがい、生きがいの追求、(二)労使協議による推進、(三)産業段階、国の段階等における発言力の強化を謳った(日産労連「私たちの自動車労連」一九八二年)。生産性向上が、働きがいや生きがいを実現するための基軸と位置づけられたのである。

そして、一九八〇年代に入ると、働きがいや生きがいは、追求すべき確固たる目標となった。日産労組は、「労働組合の目的と役割」について、次のように謳った。「働く者は誰でも、雇用の保障とよりよい賃金労働諸条件を、そして働きがい、生きがいを求めています。労働組合は、私たちが働いている産業、企業、職場のなかで、まずこれを追求しています」(日産労連「私た

ち の自動車労連」一九八二年)。戦後労働者の求めてきた主体性が、ついに企業・職場のなかでの働きがいの追求に集約されたのである。

こうして、「他人」にはまなざしを向けず、狭い地平のなかで働きがい、生きがいを追求する人間と、それを媒介する人間関係=労使関係が高く評価されるようになった。企業内コミュニケーションを通して生産性を向上させ得る能力を「特殊能力」ととらえることができるとすれば、「労使コミュニケーションと特殊能力」こそ、この時期、働く場での一人前を正当化する論理として労働者の心底まで浸透していたといえる。

この時期、労使の協力のうえで労働者が自己実現に取り組む姿は注目の的となった。日本的生産システム・日本的雇用システムに対する世界的評判が高まるなか、QC(Quality Control)サークル、ZD(Zero Defects)運動、JK(自主管理)活動が日本中に広がった。これらは生産と経営に対する「労働者参加」として高く評価された(仁田 1988)。そして、「労働の人間化」の日本における実践の一つと解釈された(八幡 1986)。しかし、批判も行われた。「一般従業員にも創意・工夫の発揮を期待する」この実践は同時に、「経営の要請がいつしか従業員の『自発的選択』に転化してしまう」ものにほかならないとされた(熊沢 1989)。本書のいままでの検討をふまえれば、労使コミュニケーションを通して企業の問題を解決し自己実現できることを正当化の論理にして、一人前を認めてもらうとした戦後第二期の営みが、このような結果をもたらしたといえよう。

「標準」の成立

　このようなプロセスを経て、一人前の「標準」たるものが強固な形で成立した。図3-1がそれをよく示している。これは、この時期の日産の「モデル賃金」を表したものである。一八歳での高卒採用を出発点として、「役職」「年齢」「勤続年数」「学歴」「扶養家族」「基準内賃金」「月収」そして「時間外労働」にいたるまで、ほぼすべての事項において標準化がなされていることがわかる。この時期、企業の人事実務では、勤続年数一二年目あたりが一人前になる境界線と思われていた。図に即せば、上記の「特殊能力」を認められ、平から「指導員」になろうとする時である。年齢が三〇歳くらいで、ちょうど家庭を持つ時でもある。それを扶養する賃金は、基準内賃金に付け加え、標準的な残業手当によって賄われた。

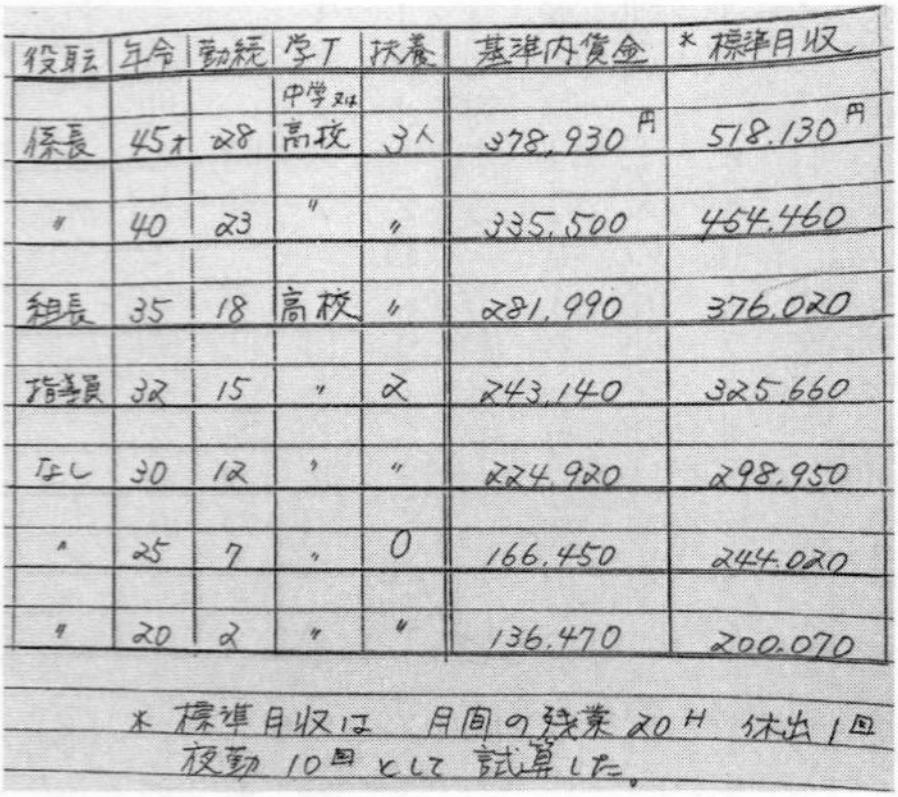

役職	年令	勤続	学歴	扶養	基準内賃金	*標準月収
係長	45才	28	中学又は 高校	3人	378,930円	518,130円
〃	40	23	〃	〃	335,500	454,460
組長	35	18	高校	〃	281,990	376,020
指導員	32	15	〃	2	243,140	325,660
なし	30	12	〃	〃	224,920	298,950
〃	25	7	〃	0	166,450	244,020
〃	20	2	〃	〃	136,470	200,070

*標準月収は 月間の残業20H 休出1回 夜勤10回として試算した。

出典：日産自動車労働組合調査部「モデル賃金(60年度)」1986年頃

図3-1　一人前の「標準」の成立

実際、この時期の労働者は、社内での自己実現のためだけでなく、家族の形成・維持のためにも、長時間労働を甘受した。一九八四年、日産の月平均残業時間は事務・技術系労働者が二〇・七時間、技能系労働者が二九・一時間であった。同年、自動車業界の有給休暇消化率(=平均取得日数/平均保有日数×一〇〇)は、日産三八・二%、トヨタ二六・五%、マツダ二〇・二%、本田五〇・六%、三菱三八・一%、いすゞ二五・〇%であった。本田を除くと、二割台か三割台に止まっており、休日返上で猛烈に働いていたことがわかる。この所定外労働で得た手当をもって、家族を扶養できる「標準月収」を充たしていたのである。

さらに彼らは、この標準を享受するために、職域を超える配置転換をも広く受け止めていた。たとえば日産の場合、一九八四年五月から一九八六年五月まで、三四〇〇名を超える者が製造から販売へ出向された。この時期は、自動車メーカーにおいて、すでにブルーカラーに対しても定期的な人事異動が行われていたが(辻 2011)、彼らは転居を伴う配転や職域を超える出向に対しても応じ、それをもって企業内における一人前としての地位を維持しようとしたのである。

「標準」と女性

このような「標準労働者」の働きぶりに依拠し、「標準家族」が成立した。多くの女性が専業主婦となり、この標準家族のケアを担った。その意味では、この標準家族のありようが、

「会社人間」としての標準労働者を支えたといえる。ただし、専業主婦イコール幸せということにはならない。「夫はどのみち、家には寝に帰るだけだったし、女性たちは育児のプレッシャーや義母の世話やPTAの務めから一瞬たりとも解放されなかった」可能性は十分あるからである（マーフィー 2015）。そこから脱出するため、多くの女性が一九七〇年代後半以降、「消費による個性の実現」に走ったとされる（吉見 2009）。

では、働く女性はどうだったのだろうか。この時期にいたっても相変わらず女性は働く機会において差別を受けていた。一九七七年、労働省の行った「女子労働者の雇用管理に関する調査」によると、調査企業の二二・七％が男女別定年制を設けていた。数値上は大きくみられないかもしれないが、定年を男女別に定めた理由について、当該企業の半分近くが「一般的に行われていることだから」と答えており、女性は標準から外されていることがわかる。なお、該当企業のうち、女性の定年が「四〇〜五四歳」となっている企業が五五％を占めた。一方、女性のみに適用される結婚／妊娠／出産退職制度を設けている企業も調査対象全体の七・四％に達した。

留意すべきは、この性差別的定年制度を有する比率が、組合なしの企業に比べ、組合ありの企業においてより高かったことである。男女別定年制では、前者の比率が一九・九％であるのに対し、後者の比率は二九・七％だった。そして、結婚／妊娠／出産退職制度では、前者の比率が六・四％であるのに対し、後者の比率は九・七％だった。組合としては女性の働く機会を増やすよりは、退職金など退職の条件を厚くするほうに重点を置いていたといえる。組合の支援がなかなか得られないなか、女性たちは、働く機会の差別是正を法廷に求めた。しかし、男女間に五歳の格差をつけた男女別定年制を無効とする判決が最高裁によって確定したのは、やっと一九八一年になってからであった（大森 2016）。

一方、賃金の状況は従来とそれほど変わらなかった。この時期、少なくない組合が主張としては同一労働同一賃金を掲げていた。そして、全電通のように、一九七〇年代と一九八〇年代を通して男女間格差を縮小しようとしたケースもみられた。ただし、この場合も、同一労働同一賃金を進めたつもりが、「結果的に『同一年齢・同一賃金』的な内容となったことは否めなかった」という（連合総合生活開発研究所 2012）。そのなか、差別是正を裁判に求めるケースが積み上げられた。七〇年代には、主に基本給や手当の男女間格差や、雇用形態が異なる男女間格差の是正を求めた。やがて八〇年代には、昇進における男女差別の是正を求めるようになる（首藤 2020）。

一九八五年の男女雇用機会均等法の制定は、差別の是正に向けた転機になり得た。しかし、法の規制が十分でなかったうえ、現実は甘くなく、従来の男女別区分が法に抵触する可能性のあることを知るや、企業はそれを「総合職」と「一般職」というコース別区分に変えた。主に男性を「総合職」として、そして主に女性を「一般職」として採用し管理する仕組みを整えたのである。このコース別雇用管理は、一九八〇年代に大企業を中心に導入され、その後、中小企業にも徐々に広がることとなる(金井 2013)。

このコース別管理は、意欲のある女性に総合職の選択を可能とし、キャリアを築き上げる機会を与えた点で、以前より一歩前進したものだった。ただし、限界も明確だった。その一つは、当初より「広範で異質の職務を遂行する職掌」を総合職にし、「定型的・補助的職務を遂行する職掌」を一般職にしたことで、一般職に就く人を一人前としては取り扱わない姿勢を示したことである。前述したようにこの時期は、ブルーカラーでさえ、広い経験に基づいて企業の問題を解決する「特殊能力」を、一人前になるための要件としていた。一方、一般職は単に定型的・補助的職務を担うわけだから、企業のなかで一人前としては位置づけられなくなる。もう一つは、総合職は時間外労働と配転・転勤を当然の前提としており、家事・育児の負担を負う女性の場合はもともと選択しづらかったことである。現に、この制約のゆえ、多くの女性は一般職を選び、それも出産・育児で辞めた後は、パートとして仕事に復帰することとなった。

三 「連帯」から「女縁」へ

表 3-2　1973 年から 1983 年にかけての女性の生活満足度に関する変化(満足している人の割合)(単位：%)

	個人生活				社会生活			
	衣食住		生きがい		地域環境		地域や職場でのつきあい	
年	1973	1983	1973	1983	1973	1983	1973	1983
勤め人	59	69	69	74	59	68	67	74
農林・自営業者	65	76	74	80	62	70	67	74
家庭婦人	60	74	71	74	61	74	64	66

出典：秋山登代子・村松泰子「女性の意識 10 年」日本放送協会放送文化調査研究所『昭和 61 年度　NHK 放送文化調査研究年報』第 31 集，日本放送出版協会，1986 年

女性の意識変化

企業社会化と消費社会化の過程で、主婦の行動は大きく変化した。オイルショック以後、子どもの進学や習い事のための費用を補填するために、パート労働に時間を費やす主婦が増加した。このような主婦の行動は、家族の外に出て暮らしの場の担い手になることと競合する。それは、時間的に競合するだけでなく、子育て後の主婦の生き方の中身に関わることでもあった。家計支出の増加を前にして、家計補充が優先され、家族の外側にある暮らしの場に関心を持つ主婦は減少していった。

表3－2は、一九七三年と一九八三年における女性の生活満足度を、衣食住(個人生活の物質的側面)、生きがい(個人生活の精神的側面)、地域環境(社会生活の物質的側面)、地域や職場でのつきあい(社会生活の精神的側面)別に示したものである。どの項目においても、一九七三年より一九八三年において満足している人の割合が高くなってい

ることが特徴である。しかし、「勤め人」と「家庭婦人」で満足している人の割合を比較すると、「勤め人」はいずれの項目でも五〜一〇%増加しているのに対して、「家庭婦人」は生きがい及び地域や職場でのつきあいといった、精神的側面での項目で上昇幅が小さいことがわかる。

同じ調査での「住民の生活を脅かす公害問題が起きたらどうするか」という質問に対しては、「活動」との回答は、「勤め人」が一九七三年三七%から二八%へ、「家庭婦人」が三六%から二五%に減少した。反対に「静観」との回答は、「勤め人」、「家庭婦人」共に約一〇ポイント増加した。本調査の解説によれば、「勤め人」のなかの若年層と「家庭婦人」のなかの若年層・中年層で、「活動」が減少したという。これらのことは、高度成長期に培われてきた家族の外側での暮らしの場に変化が生じたことを示唆する。一九六〇〜一九七〇年代における主婦の活動は、下の世代にとっては必ずしも同様の精神的満足感をもたらすものではなくなり、地域の問題に関しても消極的な傾向がみられるようになった。

変化しつつある女性の意識は、新聞投書からもうかがい知ることができる。一九八一年六月一日の『静岡新聞』夕刊に掲載された浜松市の主婦の投書「『家庭婦人』にもっと保護を」では、男女間の賃金格差や職場での身分格差を指摘し、女性が自立できるだけの収入を得ることの困難さを述べる。同時に、専業主婦の場合、子育てに尽力しているにもかかわらず本人は無収入で厚生年金もない点を指摘する。そして「子育て年金、老人介護年金」などを検討することを通じての「家庭婦人」の保護を訴えた。

この投書は、静岡県で実施されていた「婦人モニター」の題材として取り上げられた。モニターからの回答は、投書に「共感できない」が四四%、「共感できる」が二九%、「どちらでもない」が二七%であった。興味深いことは、世代によって傾向が異なることだ。四〇歳代は上記の傾向が逆転し、「共感できる」が四七%を占めた。男女の賃金格差や職場での身分格差がある一方で、専業主婦として働いていても報われないという感覚は、投書主だけでなく四〇歳代の女性にはある程度共有されるものであった(『婦人モニター通信(課題通信)のまとめ—主婦が置かれている状況—』一九八一年)。

表3-2の調査結果と重ねて考えれば、主婦において物質的満足度は上昇しても、精神的満足度の上昇度が小幅であった理由には、本来は働きたいのに働き難い男女差別の問題と共に、子育てなどの家事労働に対する不償感と保護の欠如といった点を挙げることができよう。一節で述べた一九八〇年代における年金改革と税制改正は、性別役割分業という枠組みを維持しつつ、このような主婦の不償感を政策で一定程度吸収しようとするものであった。

価値の位置づけの変化

これらの変化は、高度成長期から一九七〇年代に暮らしの場での動きが活発にみられた地域においても生じていた。たとえば、田無のどんぐり会は、機関誌の名称を『田無・保谷どんぐり』に改めたが、同誌には状況の変化に関するいくつもの叙述がみられる。

教育に関しては、「PTAの目的を忘れないで　最近の行事『なんだかヘン』よ」と題した文章が掲載されている(二七五号、一九八五年)。

PTA文化講演会を、ある教育産業(○○書店、○○ゼミ)が、講師派遣、会場設営など一切やってくれて、無料だったとかで、「講演の内容はとてもよかったし、企業の宣伝はさせなかったから、手間いらずで、とても便利でよかった」と〝好評〟だったという。(中略)PTA活動は、会員たち自身が企画し、働いて、自まえで行うところに意義がある。計画の具体化を考えたり、行事のおぜん立てをすることによって、社会的な学習ができ、社会的訓練が身につくからである。忙が《ママ》しいのはイヤ、面倒なことはイヤと逃げ出しておいて、子どもにだけは「積極的な自主性をもった子どもに」と要求するのは、どだいムリというものであろう。

別の号では、PTAに関わる親や教師の忙しさに言及し、「仕事を持つ親が多い時代に専業主婦や商店主など日中集まることのできる人間だけしか活動できない実態を改善するにはどうすればいいのだろうか」という問題も指摘している(三〇七号、一九八八年)。PTAに関わる人が限定的になっている様子がうかがえる。

このようにＰＴＡなどの地域社会における諸団体の活動の形骸化が進むと、これらの諸団体は話し合いによって互いの価値を認める場として機能しなくなっていった。一九六〇年代に、「市民」としての運動を地域で担った男性労働者や知識人の運動も、すっかり減少した。前節で述べたように、多くの労働者の関心は狭い職場での「特殊能力」に絞られていった。一九八〇年代における企業社会化、消費社会化とは、地域における暮らしの場それ自体を、根底から揺るがした。その結果、中間団体を形成して互いを人間として認め合う関係は、少しずつ崩れていった。暮らしの場における承認機能は、「暮らし」それ自体の変化のなかで、一九八〇年代に曲がり角を迎えることになった。

「人間らしい生活」の追求――一九八〇年代

しかし一九八〇年代を、主婦による地域での運動が断絶した時期と理解するのも、正しくない。状況が変化しつつある中で、一九七〇年代から一九八〇年代にかけて運動が継承される場合もみられた。神奈川県逗子市の池子の森における米軍住宅建設反対運動は、一九八〇年代における「全日制市民」の運動としてよく知られるが、本書では、これまで取り上げてきた田無と練馬の事例を紹介しよう。

『田無・保谷どんぐり』は、一九七九年四月に創刊二〇〇号となった。特集記事「『どんぐり』と私」では、運動に参加した女性の意識とその変化を見てとることができる。会に参加した一人の女性は、以下のように述べる。

世間知らずのでくの坊、家に籠って子供の教育と家事をうまくこなし、健康な家庭が築ければ主婦・母・女性の役割は及第くらいの意識しかもたなかった私。／〝どんぐり〟との巡り合わせによって勉強の機会も話し合う仲間もできた。話を聞き勉強し、語り合ううちに得られたものは、女性が主婦や母の座にのみ甘んじていてはほんとうの子供の教育も、上手な家庭管理も難しいということだった。／我が子が健康に育ってほしいと願うなら、子供を取り巻く囲りの環境すべてが良くなることが必要であって、そのためには、母親はもっと賢明に、家庭の外にも目を開いて、家の中だけで通用する女性でなく、人間として社会の一員として、少しでもその役割を果たしていこうとする自覚こそが大事なことで、そこから出発しなければ家庭づくりも教育も満足にはできないだろう。

同会において高度成長期から主張されていた、「主婦や母の座にのみ甘んじ」るのではなく、「人間として社会の一員として」の役割を強調している点を読み取ることができる。一九八〇年代以後における『田無・保谷どんぐり』からは、どんぐり会の多様な運動と諸活動を読み取ることができるが、記事として多く見られるのは、子どもが自由に活動する場の整備と、身近な環境保護、そして福祉である。

子どもの活動の場に関しては、世田谷区の羽根木プレーパークを紹介し「子どもにもっと冒険を」と記されている(二二四号、一九八一年)。新たな施設に引越した子ども文庫に関しては、「『子ども文庫』をたまり場に　お母さんたちも協力して」と訴えた(二三六号、一九八二年)。

身近な環境保護に関しては、「子どもを生み、生活に多くの関りを持ってきた当時(石油ショックの時)の女たちは、事態の全貌を理解するのが早かった。中性洗剤ではなく石鹸を。農薬は使わない、添加物のない安全な食べ物を。そして地域の環境にも目を向け、車の制限を。安全な道路を。川や海を汚さないよう下水道を。緑をと活発に活動をした。〝どんぐり〟では、『人間が、人間らしく生きるために、視点を、生産点から生活点に移す必要がある』と主張した」というように、「生活者視点」からの環境保護の主張をふり返りつつ、地球規模の環境問題を考える必要性を説いた(三二九号、一九九〇年)。

福祉に関しては、一九八〇年代に厚生省が目指した「在宅福祉政策」が「旧来の『家族のきずな』感や、『介護は女の仕事』意識の上にたって推進されるのではたいへんだという危惧も抱かざるを得ない」と批判した上で、特別養護老人ホームの増設とともに、介護にあたる家族の責任を軽くするために訪問看護、ホームヘルパー、ショートステイの拡充を論じた(二七七号、一九八五年)。

このように、一九八〇年代においても、家族の外側にある暮らしの場に関わりをもちながら生きようとした女性も存在した。政府の政策に対峙しつつ、「人間らしく」という正当性に裏づけられた自らの主張を自治体政策に反映させようとした。

福祉への新たな挑戦

練馬における運動も大きく変化した。一九七〇年代以降の、練馬母親連絡会の活動内容をおおまかに把握するため、同会が自治体に提出した請願・陳情・要望を年次別・内容別にカウントしたものが、表3－3である。全体として、その数は減少傾向にあり、特に、教育・PTA、消費者、環境・まちづくりなどで減少が顕著である。他方で、福祉・保健・医療は一九七〇年代から増加傾向にあることがわかる。同会の活動が縮小傾向にありつつも、新たに福祉関係に活動領域をシフトしている様子がうかがえる。

同会が、福祉領域に活動の場を広げることが可能となったのは、なぜであろうか。もともと、練馬母親連絡会には、障害児の親の会や公的病院を作る会、高齢者への給食ボランティアの会などが加わっていた(練馬女性史を拓く会 2012)。そのうえで、練馬母親連絡会として福祉に積極的に関わっていったのが、一九八〇年代の特徴であった。ここでは、一九八四年の同会会合において、福祉は問題が噴出しているので開催しようということになった「福祉のつどい」の準備プロセスを紹介しよう。

練馬母親連絡会は、まず福祉分野の関係者を「囲む会」を開催し、種々の説明を聞きつつ人的な関係性を培った。一九八四年六月に練馬区社会福祉協議会事務局長との協議について『練馬母親連絡会　豆ニュース』(以下『豆ニュース』と略)の「〝社協〟ってどんなとこ?」では、「今まで『シャキョウ』というと社会教育乃至は社・共だったのが、この頃もう一つ〝社協〟というのがはいってきました。(中略)福祉の問題を考えるときは、社協をヌキにすることはできない」と報じた(九二号、一九八四年)。この記事から、会としてまだ福祉分野の活動に精通し

表 3-3　練馬母親連絡会における自治体に対する請願・陳情・要望

年　次	1976～80	1981～85	1986～90
教育・PTA	13	3	4
子どもと文化	11	7	9
社会教育	3	4	3
障害児	6	7	6
福祉・保健・医療	4	8	9
消費者	6	2	1
環境・まちづくり	24	13	16
婦人問題	0	5	0
平　和	1	4	1
住民自治	11	7	7
合　計	79	60	56

出典：林(1997)
注：上記出典の略年表の中で，自治体に対して請願・陳情・要望を記していることが判明する件数をカウントした．提出主体は，練馬母親連絡会だけでなく，関連団体のものもカウントしたが，出典の表記が，各団体をまとめた形で記されている場合には，カウントは1とした．同様の請願などを都と区別々に出している場合には，別々にカウントした．出典において，同一の請願・陳情・要望が，複数の内容項目に記載されている場合，それぞれにカウントした．なお，出典の10頁には，1973～1981年に「練高連，中P連，各地域のPTA，グループが国・都・区に提出した陳情，請願，意見書，要望書54通」との注があるが，上記表は，略年表記載のものに限ってカウントした．

ていない点、そのような領域に関する運動を進めるには社協との協議が必要と認識していた点が読み取れる。

この会合で区社協事務局長から、「福祉のための町づくり」にテーマをしぼって集会計画を進めることは可能との意見を得て、この趣旨で一九八四年一〇月に集会は開催された。呼びかけ人は「社会福祉協議会長、老人クラブ連合会長、婦人連盟名誉会長」となり、練馬区は後援、区社会福祉協議会と練馬母親連絡会は世話団体となった。練馬区長らも参加し、誰もが参加できる形式をとることで、公共性を帯びた集会となった(『豆ニュース』九三号、九四号、一九八四年)。

この集会で、練馬母親連絡会は「世話団体」としていわば「裏方」を担ったが、同会に参加していた福祉関係の諸グループは、「発言」という形で集会において自らの意見を述べた。それだけでなく、同会では、「福祉のつどい」を出発点として、会合でのこれらの「発言」を『豆ニュース』で共有するとともに、その意見をその後の区政に反映させようとした。

「福祉のつどい」直後の練馬母親連絡会会合では、「一回こっきりにしてしまうのはもったいない」ということで、「区長を囲む懇談会」が一九八五年一月一一日に開催された。ここでも名称には「囲む」が用いられ、総勢三三名(区側から区長ほか四名、社会福祉協議会から三名)が参加した。当日は、練馬母親連絡会に参加していた「給食ボランティア」のメンバーが、老人給食の弁当を準備したという。この会合で、区側からは特別養護老人ホームの計画が具体化しつつある点や、障害者福祉に関して地域で生活することを重点に福祉の町づくりに努力する旨の報告を受けた（『豆ニュース』九七号、一九八五年）。「福祉のつどい」で出された政策課題の進捗状況を確認し共有するために「区長を囲む懇談会」を実施したことがわかる。

以上の「集会」や「発言」、「囲む会」は、練馬母親連絡会における行政と対等にふるまうための手法であった。区の福祉行政の担い手らとともにオープンな会合を企画し、その参加者の一員として福祉に対する要望や意見を述べ、さらに区長と話し合いの機会を作り情報公開・共有をはかった。手間がかかる会合の企画などを引き受けることで、練馬母親連絡会は、区当局や社会福祉協議会に承認され、そのなかで福祉のまちづくりに関する自らの主張を区政に反映させようとした。全体としてみれば会の活動は一九八〇年代に縮小していたが、新たな活動領域である福祉に即してみれば、話し合いと情報共有を重視して地方自治体に働きかけ自らの地位を高めるという手法は、継承されていたのである。

「女縁」の登場

他方で、主婦のなかに新たな関係性が現れるようになった。上野千鶴子は、パート労働に携わらず、夫の収入で生計維持が可能であった主婦に注目した。ポスト子育て期に家族の外側の小集団のなかでの付き合いを活発化させ、自らの能力を発揮し周囲から承認を得る女性が登場した点に着目し、そのような関係性を「女縁」と表現した(上野2008)。「女縁」の特徴は多岐にわたるが、三点にまとめてみよう。

第一に、外に出歩く先を主体的に作ったという点である。出歩く先は、地域の会合、おけいこごと、市民運動など実に多様である。第二に、「××さんの奥さん」「○○さんのお母さん」といった関係性を表に出すことを避け、個人として行動した点である。上野は、脱血縁、脱地縁、脱社縁の「選択縁」と表現している。第三に、外に出歩くことと家族との関係である。夫が不在でありかつ子どもが学校や塾などで不在の、午前から午後三時までと夕方から夕食までの時間帯が、「女縁」の活動時間帯であった。家庭にいない時間が長い夫と、個食化など家族関係の希薄化が、「女縁」を可能にしていると上野は指摘している。

高度成長期には、家族(なかでも夫)が妻の活動に反対することがあったが、家族関係の変化のなかで「女縁」は旧来の規範から離れ、個人として活動するものであった。

「女縁」の登場は、一人前論からみても重要である。本書で取り上げている一人前の定義をここで改めて紹介しておけば、それは「ある場において、話し合いにより、自分の価値を人並みとして認めてもらい、成員としてふるまうこと」となる。「女縁」との比較で重要なことは、「自分の価値を人並みとして認めてもらい」という点である。人並みという言葉に、他者から同等に価値ある存在と認められるという意味合いが含まれている。暮らしの場であれば、社会財の供給など、人びとに共通する価値を媒介として他者から承認され、一人前としてふるまうことが可能となった。

他方、上野がいう「女縁」で重要なのは、個人の資質である。上野は「女縁」に必要となる三つの資源として、「時間資源」「貨幣資源」とともに、「わたくし源」を挙げている。「時間資源」「貨幣資源」は、夫の収入との関係が大きい。すなわち、妻がパートをせずに家計収入を維持できることが、「女縁」の条件であった。企業社会の枠組みを前提としていることがわかる。

もう一つの「わたくし源」について、上野は「一種の人格資源」と呼んでいて、その中身として「人間的魅力」「教養・学歴」「社会関係資源」「関係マネジメント能力」を挙げている。「時間資源」「貨幣資源」は暮らしの場における一人前にも必要だったが、「わたくし源」は個人に帰属する特性である。自己決定の資質を、一九八〇年代における専業主婦に見出した点に、上野の議論のポイントがある。そこでの女性は、さまざまなネットワークに関わりながら、個別の関心に従って人間関係を作り、承認される。ある特定の場において、話し合いによって自分の価値を認めてもらう本書における一人前と比べると、「場」や「話し合い」を前提としない点に、「女縁」の新しさがあるといえる。しかし、「わたくし源」は、誰もが持ち得るものとはいえない。本当に「女縁」を作り出せた主婦は、多くはなかったかもしれない。

主婦がパート労働に携わるようになったことも、「女縁」の登場も、一九八〇年代において社会関係に大きな変化が生じたことを象徴している。個人による自己決定の強まりは、消費社会化のもとでセグメント化された空間を行き来することともつながる。これらのことは、暮らしの場における人びとの個別的関心を深めつつ、しかし狭める方向に作用することになった。

四　企業に傾倒した社会——小括

企業への過大評価

欧米諸国に先んじてオイルショックを克服し、さらなる経済成長を成し遂げたことは、日本に自信を持たせた。あらゆる側面で「日本的」なるものの再評価がなされ、その結果として成長を主導した企業に対する評価が何より高まった。戦後ずっと後進的と評されてきた日本の企業行動や雇用慣行が、世界をリードする先進的なものとして評価し直されたのである。一九七〇年代半ば以降の日本の目覚ましい経済成長は紛れもない事実だし、大きくは人びとのエネルギーによるものとみて差し支えないので、この評価が誤っているとはいえない。ただし、企業に対する過大評価がもたらし得る問題についても自覚すべきだった。

たとえば、「猛烈社員」としての働き方は持続可能なのか、女性に対して適切な機会は与えられるのか、企業での勤めはいわゆるワーク・ライフ・バランスを通して暮らしの場にも豊かさをもたらし得るのかなどである。しかしながら、これらが真剣に検討されることはなかった。そして、この企業への傾倒、企業社会への陶酔が、以降の日本社会に望ましい変化を模索するに当たって、「仇《あだ》」となったのである。

企業を過大評価したのは国も同様であった。国は、企業を社会保障の主軸に据えた。基本的には企業に雇われることで、人の生活は保障されるとしたのである。企業の雇用維持を最優先課題とし、それをテコとして人びとの生活の安定を図ろうとしたことはすでにみた通りである。

この時期は、首都圏集中の傾向が強まり、地域間格差の拡大が問題となっていた。そのなかで、暮らしの場の維持そのものが問われるようになっていた。しかし国は、土建事業とこれにつながるビジネスをテコとして地域を下支えするという方針を堅持した。そして、「小さな政府」というスローガンのもと、企業や企業に依存する家族のリソース、および地域のビジネスと関連団体のリソースに基づく、「日本型福祉社会」の建設を謳ったのである。

この時期は、日本社会が歴史上もっとも豊かな資源を手にした時期だった。「個人↓集団↓社会」の経路に沿ってみれば、多くの人たちが自由に選択し行動しながら、「集団↓産業／地域↓国家」のルートを新たに切り開き、一人前を高度なレベルで達成できる可能性があった時代だったといえる。国家がビジョンと実行力さえ持っていれば、権利と価値の承認を共に大いに進展させ得る時期だった。しかし、企業への過大評価、過大依存により、権利より価値の承認へとバランスを崩し、価値においても一人前のベクトルを著しく傾倒させてしまった。これが本書の診断である。

「自ら向上する」

企業への過剰な傾倒は、働く場と暮らしの場における一人前のあり方に、重要な影響を及ぼした。何より、承認の地平が前の時期より狭くなった。その様子を働く場に即してみよう。

この時期、働く場においては、「格」の向上の追求において従来とは異なる変化がみられた。それまでも日本の労働者が「格」の向上にこだわってきたことはすでにみた。しかしながら、この時期の取り組みは尋常ではなかった。それまでは人並みに「貢献」するだけで事足りた。企業によってあるいは時代によって貢献の指標が絞られること(たとえば能力、業績など)があったとしても、自分なりに貢献したと主張できれば、まずはよかったのである。その意味で、「格」の向上とは、基本的には「他人」(他の労働者および経営者)に対してのことであり、「個人→企業→社会」と広がる地平のうえに位置づけられるものだった。

この時期になると、従来の動きが反転し、「個人←企業←社会」と地平が狭まるなか、「格」

の向上とは、「自分」に対してのこととなった。企業における課題解決に取り組むことで、自分の「働きがい」を高めなければならなくなった。そして、このような意欲と特殊能力を持つ労働者同士でコミュニケーションをとれること、また、このような労働者集団と経営者との間にコミュニケーションをとれることが、「格」の向上の条件となった。まさに「自ら向上する」人が、一人前と見なされるようになったのである。ただし、これはそうでない人、すなわち、「コミュニケーション＋特殊能力＋働きがい」を備えない人は、一人前から排除されることを意味した。その結果、多くの女性や非正規あるいは零細企業の労働者などは、一人前とは見なされず、「半人前」と位置づけられた。

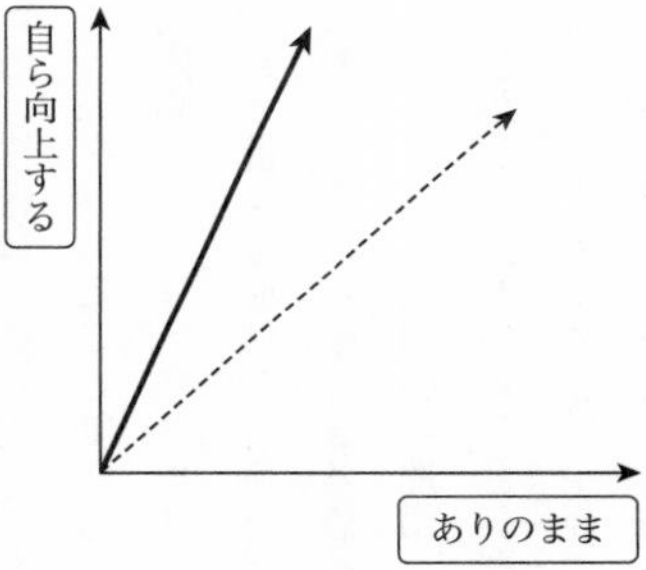

図 3-2 1970 年代〜1990 年代の一人前の概念図

図3－2をみよう。この図は、一九七〇年代から一九九〇年代までにおける一人前の動きを概念的に示したものである。戦前の人格承認の動きを示した図1－1と姿は似ている。だが、軸は変わっている。戦前の場合は、「人の尊厳」(横軸)と「格の評価」(縦軸)との間でどのベクトルに進んだのかを示した。対して、この図では、戦後「権利」はほぼ獲得済みと見なし、もっぱら「価値」に焦点を合わせ、それが人びとによってどのように追求されたかを表現して

いる。横軸は、個々人を「ありのまま」に認めることである。そして、縦軸は、「自ら向上する」人を認めることである。一人前を求める運動が進展し、その承認が円滑に進んだならば、全体的に向かうベクトルは、両側面を併せ持つ中央の点線の方向であったと思われる。本書が考える健全な価値の評価とは、自らを向上させその評価を高めながら、同時に、他の人もそれなりに社会に貢献できる価値を有するものと認めることだからである。このような価値評価があってこそ、社会の「連帯」は成立するといえる。

しかし、日本の人びとが実際に歩んだ道は、「ありのまま」を軽視し、「自ら向上する」を重視するベクトル(左側の実線)の方だった。働く場に即してみると、その根底には、ユニークな労働観が働いていた。塩路の挨拶を思い出してほしい。その表現を借りれば、この時期日本の労働者は、「他人への愛と誠実」への関心を低め、個人的レベルの「働きがい、生きがい」への関心を高めていた。上記の労働観に照らせば、社会的評価の共有という側面よりは労働対象への自律的な働きかけという側面に重きを置いたのである。言い換えると、承認の地平の拡大(＝「ありのまま」)より、企業社会への傾倒(＝「自らを向上する」)に大きく傾いたことになる。

暮らしの場の縮小

企業社会化の影響は、暮らしの場においては異なる姿をみせた。すでに述べたように、暮らしの場そのものが縮小しつつあった。これは単に地域が衰えたことだけでなく、地域において、話し合いを必要としかつそれができる場が少なくなったことを意味する。地域に必要な社会財をめぐって住民同士が集まって地方自治体と話し合いをする機会は減少した。いわゆる全日制市民のような運動の担い手も減り続けた。これらにより承認を積極的に求めること自体が難しくなったのである。むろん、社会財の中身の重点をインフラなどから福祉に変えながら、それを実現させようとする地域団体の奮闘は続いたが、全般的に運動が下火となったことは否めない。

他方で、対照的な動きもみられた。障害者運動に代表される少数者の運動は、自身が抱える問題を社会的に告発し、その過程で自らの要求を貫徹した。この時期にはその広がりは限定されていたが、のちに当事者運動と呼ばれるようになったこれらの動きは、当事者の切実な「ニーズ」に基づく点で大きな特徴があった。「人間として」ではなく、個人の「ニーズ」を的確に表現するという点に、新たな内容を持つ「格」の向上の側面がみられる。

個人が「人格資源」を元手に、ネットワークを利用して活動する「女縁」もみられた。ネットワーク化を促すこの動きは、「個人↓集団↓社会」という従来型の経路の「個人」を強め、「集団」を弱めるものであった。すなわち暮らしの場における新たな動きは、働く場と同様に、自分に即した価値(各々のニーズを表現できる能力や「人格資源」など)が重んじられるようになった。そのことは、図3-2に即していえば、一人前のベクトルを「自ら向上する」のほうに押し上げたといえる。

価値の承認と国

本章で取り上げた時代は、世界的にみても、労働と家族に基づく福祉社会が揺れ動く時期であった。これは単に経済成長が鈍化したことを意味しない。主に男性が安定的に雇われ、安定的な賃金と安定的なリスク対応(社会保障)をもって核家族を養うという「標準」的な生活スタイルが動揺したことを意味する。この動揺は、大きく二つの側面からとらえることができる。

一つは、「標準」自体が成り立ちづらくなったことである。特に家族との関係では、多くの女性が被扶養者の枠から飛び出て、「個」として働く場と暮らしの場に登場した。もう一つは、賃金と社会保障による所得保障だけでは人びとの要求に応えることが難しくなったことである。高齢化の進展に伴って顕在化した「介護」が、その代表的なものである。「介護」に対応するためには「お金」だけでなく、具体的な「ケア」が必要なのである。ほかにも多様な「ケア」の要求が噴出した。それは労働そのものにおいても同様で、長期失業者やなかなか定職に就けない若者などが増えるにつれ、その個々人の要求に対応した「ケア」が課題となった。

このような事象が日本にも現れたことはすでにみた。日本政府も、家族と社会の変化のなかで人びとが感じるようになった孤立感、不安感をふまえて、新しい「生きがいと安心」を論じるようになっていた。しかしながら、先進諸国ではみられなかった安定した経済成長とそれに伴う企業への過度な依存もあり、この時期における日本の対応は、まさに「日本的」であった。

この時期も日本社会は、「人の尊厳」(=権利)の承認に国が消極的という特徴を引き継いでいた。世界的にはさまざまな領域での「差別禁止」が進んでいたが、日本ではついに「差別禁止法」は制定されなかった。一方、価値の承認においても、承認に必要な諸制度の整備に消極的という特徴を引き継いでいた。ただし、前の時期と比べれば小さくない変化があった。それは、諸政策を進めるに当たって、企業や地域の関連団体をテコに使うという意思を明確にしたことである。中間団体を媒介としたいわば「上」からの利益誘導と統合だったともいえる。その分、人びとが「下」から自ら作り上げる団体や自ら進める承認の動きを国が積極的にサポートするということは期待しづらくなった。

たとえば普通の人が働きながらも子育てができるためには、住居環境が整い、子育ての費用が安く抑えられ、男女共に差別なく雇用され処遇されることが求められる。しかしながら政府は、割安の賃貸住宅の供給や育児・教育の社会化という方向には舵を切らなかった。代わりに、主には企業による支援(社宅や持ち家制度など)と年功的賃金(これをもって義務教育課程後の教育費が支払える)に依存した。児童手当は一九七二年に導入されたものの、当初は第三子以降を対象とし、それも義務教育終了まで支給するに過ぎなかった。一九八〇年代に入ってからは、行財政改革の中で、むしろ所得制限が強化された。一九八六年には、第二子以降に拡大したものの、義務教育就学前への重点化が図られた。

一方、男女共に差別なく雇用され処遇されることについてはすでにみたとおり、この時期は、それに必要な制度化も、実態における改善もあまり進まなかった。

より大きな意味での環境についてはどうだったのだろうか。国は、一方では住民サイドから提起された環境権は認めなかった。しかし、他方では「うるおい」をキーワードにしたまちづくりを推し進めた。いわば、国のお眼鏡にかなった「価値」ある環境は承認され、これに与する関連団体に資金が投下された。便利な生活がもてはやされるなかでモータリゼーションが進み、そのために進められた道路整備は、結果的に環境権主張の根拠となった人と自然との関係を大きく変えていくことになった。

これらを「国から」の要因だけで説明するのは妥当でない。企業や地域の関連団体に依存するようになった背景には、国のより普遍的な動きを引き出せなかった人びとの行動様式も作用していた。働く場に即していえば、「従業員主権」のような考え方が広がったことである。「従業員主権」は、労働者が企業の「主」のようにふるまうことを指す。日本の人びとが、理想と現実とのギャップを埋めるために、自分の近いところで権利や価値のようなものを設定することをすでにみてきたが、「従業員主権」は、企業のなかで働く人びとが、まさにその工夫の一環として編み出した考え方であった。しかし、裏を返すと、自分を「主」と位置づけるゆえ、そもそも雇われる側として有する「従」の側面については、あまり関心が向かない考え方となる。結果として、雇われて働く人びとがさまざまな形で持つ多様な問題への関心が弱まり、男女平等を含め、労働者として持つべき「普遍的」な権利意識も薄まるのである。暮らしの場でも同様であった。革新自治体を支える「市民」としての考え方は、中間団体を媒介として行政と話し合うことを通じて成果を上げた。しかし一九七〇年代末以後、首長選挙において革新系候補が破れ保守系首長が当選すると、このルートは十分に機能しなくなった。むしろ、「うるおいのあるまちづくり」など政府の政策枠組みの中で資金散布がなされ、その過程で権利意識も弱まっていった。

こうして、日本は、もっとも豊かな時期においても、働く場と暮らしの場における承認と、それを国が制度によって支えるという健全な仕組みは作れなかった。現れ始めていた課題に対する本格的な対応は、次の時代まで繰り下げられた。結果、一九九〇年代以降、企業中心社会の限界が露呈するにつれ、一人前になれない人びとが多く生み出されることとなる。これは、「個人→集団→社会」の、媒介項をなす集団の承認機能がより低下することを意味した。集団を回復させることが重要な課題だったはずだが、日本社会はその方向に向かなかった。承認の契機を回復させないまま、「民活」を活用したマーケット依存的な方向、あるいは国が個人を直接つかもうとする方向に向けて進んだのである。次の章でその様相をみることにしよう。

第四章　多様化と孤立――一九九〇年代～現在

一　迷走する政府――パッチワーク的な政策

少数者への承認とその問題

権利主体として正面から扱われてこなかった人びとに対する国家の政策は、一九九〇年代以後において一定の変化がみられた。

障害者福祉に関しては、後述するように、政策の理念が「措置から契約へ」と当事者性を重視する政策に変化した。子どもに関しては、国連総会での採択を経て一九九〇年に発効した子どもの権利条約を、日本は一九九四年に批准した。一九九六年には、ハンセン病患者の隔離政策などを定めた「らい予防法」が廃止された。同年に優生保護法も母体保護法に改正され、優生思想に基づく諸規定が削除された。一九九七年にアイヌ文化振興法が制定され、アイヌの人びとの民族としての誇りが尊重される社会の実現が目指され、二〇一九年に、アイヌ民族を先住民族と明記したアイヌ施策推進法が制定された。一九九九年に外国人登録法が改正され、外国人登録における指紋押捺制度が廃止された。「五五年体制」が崩れる過程で、長年当事者らが訴え続けてきたことに対して、時々の政権がようやく取り組むようになったといえよう。

しかし、「らい予防法」廃止の際、菅直人厚生大臣と厚生官僚とで、国会答弁の内容（特に国のこれまでの政策に関する責任に関する説明）に隔たりがあるなど（藤野 2001）、少数者に対する人格承認を、国家が積極的に行うようになったとは言い難かった。

一九九〇年代は、不登校児童生徒の増加が表面化した時期でもあった。不登校者数は、一九八〇年代から増加し続け、一九九〇年代後半に「長期欠席者」（高校生を含まず、病気や経済的理由なども含む）は一〇万人を超えた（久冨 2014）。しかし、政府が、民間のフリースクールなど学校以外の教育機会を認めた教育機会確保法を制定したのは、二〇一六年であった。性的マイノリティの人びとの権利承認に関しても、政府の動きは極めて鈍い。二〇二三年現在においても、諸外国では実現している同性婚に関する法整備すらなされていない。

国家による当事者性の認定

一九九〇年代半ば以降において、国は中央省庁の再編と許認可権の縮小を図り、行政改革を進めた。ちょうどこの時期に、さまざまなニーズを抱えた人びとによる当事者運動も広がりをみせ、その要求は国の政策を突き動かした。

その端的な現れが、一九九七年に制定され二〇〇〇年から施行された介護保険法である。それまでの福祉政策は、基本は行政の措置として行われ、実際には性別役割分業の枠組みに基づく家族によって支えられていた。新たな制度は、社会全体で介護を負担する前提のもと、当事者のニーズに従って当事者自身がサービス提供者と直接契約を結ぶ方式に転換した（「措置から契約へ」）。これは、高齢者ケアを家族に委ねる制度から、保険を通して「介護の社会化」をはかる制度に転換したという意味で、画期的であった。しかも当事者サイドからみれば、自らの決定によって、必要なサービスを享受できる。この制度は、高齢者福祉だけでなく障害者福祉においても実施された。萌芽的に一九八〇年代から登場していた重度障害者による自立生活運動の要求に応え、二〇〇三年に支援費制度がスタートした（中西・上野 2003）。

他方、この制度は、「措置から契約へ」という言葉からもわかるように、国による認定の内容に変化を生んだ。すなわちそこでの認定とは、介護サービスを擬似市場的な制度のもとで自ら決定する主体としての認定であった。このことは、国から特定の「鋳型」にはめられることを批判した当事者運動の成果であったが、中身は、権利主体よりはサービス契約主体としての認定という性格が強まった。国は、介護保険制度においては要介護などの基準を設定し、新たに設けたケアマネジャーが国の制度を維持する「門番」としての役割を担った。支援費制度においては、より当事者のニーズに応える内容となっていた。二〇一三年に施行された障害者総合支援法に基づき計画相談支援が実施された後も、障害者は自らケアプランを立てることができたが、計画相談支援の実施によって地域生活が管理されることへの危惧もある（小泉 2016）。

行政改革のもと、当事者サイドからも期待されたのがNPO法であった（一九九八年に制定・施行）。ボランティア活動をはじめとする特定非営利活動を行う団体に法人格を与えるこの法は、市民活動の担い手たちが法制化の準備を進め、議員立法によって制定された。ケアをめぐる多様なニーズが噴出した当該期において、それらのニーズに応えるという点で、NPOは重要な役割を担った。同法によって認証NPOの数は、二〇〇二年度に一万、二〇〇四年度に二万、二〇〇六年度に三万、二〇一〇年度に四万、そして二〇一四年度には五万を超えた。これらの法人の中には、NPO法制定以前から市民運動・活動を行っていた団体も含まれるので、同法制定後に市民活動を担う中間団体が新たに急増したとは言い切れないが、上記の数値からNPO法が定着してきていることがわかる。認定及び特例認定の法人数は増加傾向にあるが、認証法人数は二〇一七年度末の五万一八六六をピークに、横ばいから漸減しており（https://www.npo-homepage.go.jp/about/toukei-info/ninshou-seni　二〇二三年五月五日閲覧）、予断を許さない。

家族政策がはらむ問題

ジェンダー不平等の問題に対する政府の政策として一つの画期となったのは、一九九九年における男女共同参画社会基本法の制定であった。同法における男女共同参画社会とは、男女が対等な構成員として社会活動に参画する機会を保障され、政治的、経済的、社会的および文化的利益を享受し、共に責任を担う社会であった。同法は、国際社会における取り組みをも強調しつつ、国や都道府県などに対して男女共同参画基本計画の策定を求めており、二一世紀を見すえたジェンダー平等に関する基本法として位置づけることができる。

しかし、鹿野政直は、二〇〇〇年に制定された「東京都男女平等参画基本条例」と比較しつつ、男女共同参画社会基本法における「男女平等」という言葉の忌避、「自立した個人」を前提としないままでの「参画」の提示、事業者への言及がないなどの問題点を指摘した（鹿野 2004）。事実、男女共同参画社会基本法の精神がその後の日本社会に速やかに浸透していったとは言い難い。世界経済フォーラムによる「ジェンダーギャップ指数二〇二二」によれば、日本の順位は一一六位で、先進国のなかでは最低レベル、アジア諸国のなかでも韓国・中国・ASEAN諸国より低い順位であった。順位を下げている理由は主に経済参画（管理的職業従事者の男女比）と政治参画（国会議員の男女比、閣僚の男女比など）であった（『共同参画』一五八号、二〇二二年)。男女共同参画社会基本法が制定されて間もなく四半世紀が経とうとしているが、ジェンダー不平等の問題は依然として続いている。

ジェンダー平等を阻む要因の一つは、性別役割分業を前提とした家族政策(家族の自助を前提とする政策)の継承に求められる。税制面では、配偶者控除・配偶者特別控除の制度については、二〇〇三年度と二〇一七年度の税制改正で、控除が縮減された。しかし、同制度自体は二〇二三年時点でも存続している。年金制度の「第3号被保険者」も同様だ。

教育では、二〇〇六年に成立した改正教育基本法は、国や地方公共団体が家庭教育の支援施策を講ずるよう努めることを定めた。二〇一〇年代に入ってからは、自民党が家庭教育支援法案を策定しただけでなく、地方公共団体においても熊本県を嚆矢として、家庭教育支援条例の制定が相次いだ(二宮 2017)。ただし、こうした政策は、現状における家族の多様性に配慮することを主眼としたものではない。他方、家族自体をサポートする財政支出をみると、OECD加盟国における家族支援政策費の対GDP比は、日本は二〇〇九年現在一・五%余りでOECD三三カ国の平均二・六%を大きく下回るなど、日本政府の家族政策にかける支出は乏しい(伊藤 2017)。

このように日本の場合、二一世紀に入っても性別役割分業を前提とした家族の枠組みを維持しようとする考え方が政策に継承されている。先に述べた「介護の社会化」など福祉政策には

表4-1　構造改革期の規制緩和政策

年　月	主な政策
1997年2月	職業安定法施行規則改正．有料職業紹介の取扱職業を従来の29職種限定から広い範囲に拡大．
1998年9月	労働基準法改正．専門・技術労働者の有期契約期間の限度を1年から3年に延長．
1999年7月	労働者派遣法改正．派遣対象業務を原則自由化．
1999年7月	職業安定法改正．有料職業紹介事業の取り扱える対象職業を原則自由化．
2003年6月	労働者派遣法改正．ものの製造にかかわる業務への派遣自由化．
2003年6月	職業安定法改正．有料職業紹介の兼業規制を全廃．
2003年12月	労働基準法改正．一般労働者の有期契約期間の限度を3年まで，専門・技術労働者の有期契約期間の限度を5年までそれぞれ延長．

出典：禹作成

変化がみられるものの、政府の政策はジェンダー平等や子どもの人権に基軸があるとはいえず、その結果、現実における多様な家族への支援がおざなりになっている。

規制の緩和と社会的排除への対応

政府の政策は、働く場でも、企業を媒介とした保守主義を継承している。バブル崩壊後、構造改革が叫ばれたが、企業のコア層に当たる正社員の雇用システムを改革するという動きは生じなかった。その代わりに、企業の人件費負担を軽減する方向に動いた。負担の大きい正規雇用を抑え、負担の軽い非正規雇用を増やしたのである。その動きをサポートするために、労働市場に関する一連の規制緩和が推し進められた。表4－1は、二〇〇〇年前後の構造改革期に行われた規制緩和政策を簡単にまとめたものである。ここから三つの流れを確認することができる。

一つは、労働基準法の度重なる改正で、有期雇用契約が広く認められるようになったことである。もう一つは、一九八五年に制定された労働者派遣法の度重なる改正で、自由に派遣労働を使える基盤が整ったことである。そして最後は、職業安定法の度重なる改正で、いわゆる人材会社が契約社員や派遣社員を自由に供給できるようになったことである。

むろん、このように政府が動き出すには、働く側の要因も作用した。この時期、すでに「標準家族‼正規雇用‼年功賃金‼中産層生活」というモデルは崩れてきていた。そのため、このモデルから外れた人びとのニーズに応える必要性が強まった。しかしながら、そこでの政策は、「男女差別禁止＋ワーク・ライフ・バランス」という方向ではなく、正規雇用を守りながら、周辺の規制を緩和するという方向で進められた。そのため、正規と非正規との間に断層が生じた。まさに雇用における「二重構造」が形成されたのである。この構造のもと、非正規に負荷と歪みがのしかかるのは当然だった。そして、その歪みは、リーマンショックに際しての「派遣切り」と、食うにも困る人たちのための「派遣村」として集約的に表出された。先進国日本において、「生きさせろ」という叫びが発せられたのである。

これをきっかけに、行き過ぎた規制緩和には一応歯止めがかけられた。非正規雇用を選択せざるを得なかった多くの人が、単に貧困に陥るだけでなく、さまざまな社会関係から締め出され、いわゆる社会的排除を強いられる状況のなかでは、決して健全な社会は維持できないからである。政権交代を果たした民主党政権は、二〇一一年、「求職者支援制度」を創設した。これは、非正規など雇用保険の受給ができない求職者でも、職業訓練を受ければ、月に一〇万円の給付金が支給される制度である。労働能力がある人にはなかなか生活保護が与えられない日本において、この制度は、貧困に陥りかねない人を救済できる制度だった。ただし、給付金をもらうためには、世帯収入二五万円(二〇二三年四月以降、三〇万円)以下、世帯金融資産三〇〇万円以下などの基準を満たさなければならず、原則として全訓練日に出席しなければならないなど制約が大きく、非正規労働者が容易に活用できるものとはなっていない。

では、社会全体からすれば、どのように社会的排除を乗り越え、「社会的統合」を成し遂げ得るか。二〇一二年、民主党政権のもとで社会保障制度改革推進法が制定された。同法に基づく社会保障制度改革国民会議は、二〇一三年に「社会保障制度改革国民会議報告書」を提出した。この報告書は改革の方向性として、いわゆる標準家族モデルではなく、全世代を対象として女性・若者・高齢者・障害者などすべての人びとが働き続けることができる「二一世紀(二〇二五年)日本モデル」を提言した。この考え方は、政権は変わったものの、その後の安倍晋三政権に引き継がれ、「ニッポン一億総活躍プラン」として具体化された。ただし、その狙いはあくまでも非正規の処遇を改善するということであって、非正規という雇用形態自体にメスを入れるものではなかった(禹 2020)。現に、雇用者数に占める非正規雇用の割合自体は、最近もほとんど変わっていない。「すべての人びと」の社会的統合が大きな課題であるものの、そのための政策的アプローチは十分でないといえよう。

価値と「生きがい」

一九九〇年代以後の暮らしの場では、「国民の責務」を規定する数々の法律が制定された。環境基本法(一九九三年制定)、健康増進法(二〇〇二年制定)、少子化社会対策基本法(二〇〇三年制定)、食育基本法(二〇〇五年制定)などがこれにあたる。健康増進法であれば第二条が「国民の責務」に関する規定で、「国民は、健康な生活習慣の重要性に対する関心と理解を深め、生涯にわたって、自らの健康状態を自覚するとともに、健康の増進に努めなければならない」とある。塩野宏は、一九九〇年代以後における「基本法」制定の急増と、「基本法」において「国民の責務」が謳われていることがある点に注目する。そのうえで、「国民の責務」は訓示的な規定で実際に国民を拘束するものではないが、理屈の上では生活に関わる領域に関して国民に対し義務を課すことを意味するとしている(塩野 2008)。

健康増進法の「国民の責務」規定に関しては、憲法二五条の権利規定との相違点を指摘する意見もある（笹倉 2003）。暮らしのなかの環境や健康は、今や「権利」というよりも「国民の責務」となりつつある。生活自体の変化の過程で、「価値」を媒介とした承認が暮らしの場で弱まっていることは前章で述べた。国家の法が「価値」の中身に介入しそれを方向づけようとする傾向が生じている。

ここで注目したいのが、政府による「ニッポン一億総活躍プラン」である。なぜなら、同プランには「価値ある生き方」という考え方が見出せるからである。二〇一六年九月二九日の参議院本会議において、安倍晋三首相は「一億総活躍社会とは、誰もが生きがいを感じられる社会であり、家庭で、職場で、地域で、あらゆる場で誰もが活躍できる、言わば全員参加型の社会です」と答えた。そのうえで、「一億総活躍の未来を切り開いていく、その最大の鍵は働き方改革であります。ポイントは、働く方により良い将来の展望を持っていただくことです」とした。そしてその具体策について、「同一労働同一賃金を実現し、正規と非正規の労働者の格差を埋め、若者が将来に明るい希望を持てるようにしなければなりません。長時間労働を是正すれば、ワーク・ライフ・バランスが改善し、女性、高齢者も仕事に就きやすくなります。また、ロボットからビッグデータ、ＡＩまで、デジタル技術の活用が進む中で、働き方も間違いなく変わっていきます」と答弁した。

留意すべきは、「一億総活躍」という言葉が、単に働くことと関連づけられるだけでなく、そこに「生きがい」を絡ませる形で使われている点である。自民党政権下において「生きがい」という言葉が積極的に用いられてきたことは、前章ですでにみた。ここで改めてウェブ版の国会会議録を用いて、内閣総理大臣が「生きがい」という言葉を使用した本会議や委員会などの会議数をカウントすると、一九八〇～一九八九年が七六回、一九九〇～一九九九年が六二回、二〇〇〇～二〇〇九年が三九回、二〇一〇～二〇一九年が九〇回であった。二〇〇〇～二〇〇九年に減るものの、二〇一〇～二〇一九年に急増していることがわかる。これは、安倍政権下の使用例が多かったからであった。

その上、二〇一〇年代はそれまでとは異なった内容を持つようになった。一九八〇年代、中曽根内閣期においては高齢化社会や福祉との関連で「生きがい」が使用される場合が多かった。働くこと以上に、社会保障(「日本型福祉社会」)との関連で用いられた。二〇〇五年に発表された自民党の「立党五〇年宣言」においても、新綱領の一つとして「生きがいとうるおいのある生活を」という項目が立てられているが、その中身は、「ボランティア活動や身近なスポーツ・芸術の振興、高齢者や障害者の社会参加」が先に記されており、「まじめに働く人たちの声を大切に」は最後だった(https://www.jimin.jp/aboutus/declaration/ 二〇二三年一二月一二日閲覧)。

それに比べると、二〇一〇年代の「生きがい」は、圧倒的に働くことに結び付けられている。「ニッポン一億総活躍プラン」が始まる二〇一六年から二〇二〇年までの五年間に安倍首相が

「生きがい」を発言した会議数は三七回であったが、このうち二八回の会議において働くこととかかわらせての「生きがい」に関する発言がみられた。たとえば、「意欲のある人たちが希望すれば働く場を得ることができるように、障害や難病があったとしても、女性や男性でも、お年寄りも若者も、また、一度失敗を経験した方も、誰もが生きがいを持ってその能力を存分に発揮できる社会をつくっていきたい」(二〇一七年一月二七日衆議院予算委員会)というものである。こうして日本政府は、意欲ある個人による働くことへの主体性の発揮が、本人にとって「生きがい」(=生きる価値)と意識されるような社会の創出を、政策目標に掲げた。

この政策志向が、働く場や暮らしの場における人びとの志向と必ずしも一致していないことは、後でみる通りである。しかし、個人レベルの——しかも「意欲のある人たち」に限定された——「生きがい」という価値が、「一億総活躍」政策のなかに積極的に組み込まれたことは、戦後社会で認められてきた一人前の根拠を、論理的に掘り崩すことを意味する。人びとが培ってきた価値は、もはや共有するものではなく(特定の「場」を前提としない)、個人が実感すれば良いということになるからだ。総じて、人びとが互いに承認するという方向ではなく、意欲ある個人が、特に「働く」ことを通して自分なりの「生きがい」を感じることを目指す方向に向かわせようとしている。

二　非正規労働者は「半人前」？

しかし、現在の働く場の現実は、過酷である。「働く」ことを通して自分なりの「生きがい」を感じればよい、とは絵空事である。

「正規」と「非正規」

バブル崩壊後、日本経済は構造調整期に入った。企業は厳しい雇用調整を実施した。この時期、社会に出た多くの若者が職を得ることができず、就職氷河期世代と呼ばれた。現に正規雇用労働者は、絶対数そのものが一九九七年の三八一二万人をピークとして下がり続けた。それが微弱ながら増加に転じたのはやっと二〇一五年からであるが、二〇二二年現在も三五九七万人に過ぎない。ただし、見方によっては、正規の数は一応維持されているとみることもできる。

これと対照的な傾向を示したのが、非正規雇用であった。その数は増え続け、一九九七年の一一五二万人から二〇二二年の二一〇一万人にほぼ倍増した。働く人のうち、三六・九％を非正規が占めることになったのである。なお、性別に偏りがあり、男性では非正規の比率が二二・二％なのに、女性ではそれが五三・四％にもなっている。

景気が悪くなると、働く人にマイナスの影響が出るのは避けがたい。ではなぜ、正規は一応維持されるのに非正規は増え、景気変動のマイナス影響を非正規ばかりが受けてしまうのか。それは、日本の企業が、働く人を正規と非正規に分けて管理するからに他ならない。それを典型的に示しているのが、日経連が一九九五年に刊行した『新時代の「日本的経営」』である。ここで日経連は、従来の「長期蓄積能力活用型グループ」のほか、「高度専門能力活用型グループ」と「雇用柔軟型グループ」を組み合わせて、自社に合う「雇用ポートフォリオ」を採るように提案した。方向性からすると、「高度専門能力活用型グループ」という提案には示唆的なところがあったが、それは結局実現されなかった。日本の企業は、長期蓄積能力活用型の正規グループと雇用柔軟型の非正規グループで構成される二元構造を定着させることとなったのである。

では、なぜこのように分けたのか。同書は次のように語っていた。「欧米の企業は、ベースに機能組織があり、人間を組織・ポストにあてはめていく。わが国では組織に人間をあてはめるのではなく、構成員個々人の能力を最大限に引き出すために、組織を動かす。人間中心(尊重)の理念をベースに、雇用の安定、働く人の生きがい、能力向上、内部昇進を基本とする考え方が良好な労使関係をもたらし、『長期的視野に立った経営』を支えているという視点を重視すべきだろう」。要は、正規の安定雇用と生きがいに重きを置き、良好な労使関係を維持したいということである。そうであれば、リストラが叫ばれるなか、人件費の安い非正規を増やす方向に行くのは当然だった。

「成果」と「役割」

ただし、正規も条件なしに雇用が保障されたわけではない。彼らには雇用保障と引き換えに成果を出すことが要求された。バブル崩壊後、従来のような成長が見込めないと知るや否や、日本の企業は能力主義の代わりに「成果主義」を導入し始めた。しかし、成果ばかりが強調されると、チームワークが崩れ人間関係もぎくしゃくしてきた。それを反省した企業は、二〇〇〇年代半ば以降成果主義から役割主義に移行し、いまは役割重視ということでおおむね落ち着いている。

日産の例をみよう。日産は一九九四年、管理職の本給を廃止し、それを仕事給(六〇%)と成績給(三〇%)に繰り入れた(ほかに資格手当が一〇%)。二〇〇〇年にはこの区分もなくし、管理職の給与を「基本年俸」に一本化した。いわゆる年俸制の導入である。そして、二〇〇四年に一般職の賃金項目を「月次給」一本とし、その金額は基本的に「役割等級」で決めることにした。その等級制度を示したのが、図4-1である。

この改正の趣旨は、「自律した人材を育てる」ということであった。よって、「事務・技術・技能」という従来の職掌区分を廃止し、総合型プロ(PG)コース、専門型プロ(PE)コース、

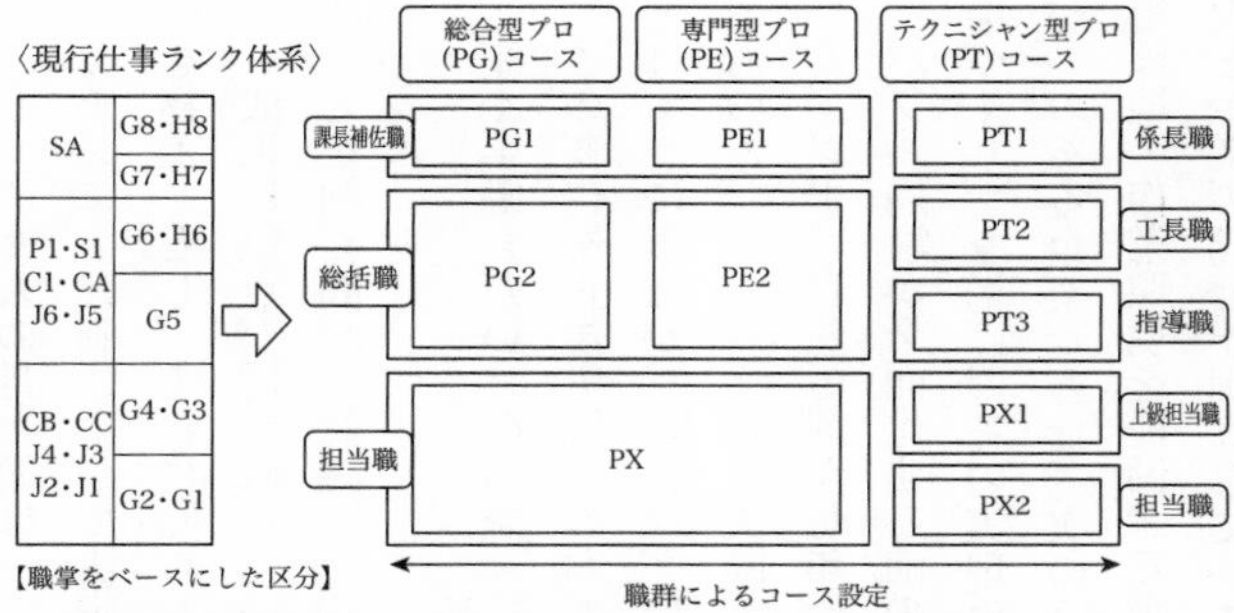

出典：労働政策研究・研修機構『グローバル化する自動車企業の労働と管理—日産とホンダの事例—』2005年，20頁

図4-1　日産における一般職等級制度の改正(2004年)

テクニシャン型プロ(PT)コースという職群区分を新たに設けた。従来の職掌区分は、大まかにいって文系大卒・理系大卒・高卒で分けられていた。学歴による区分である。それを今度は、担当職(PX)から上のほうに進む時、個々人が自分のキャリアコースを選択できるようにした。これをもって「自律」を促すとしたのである。

縦の序列では、従来の等級を大くくりし、PGコースとPEコースは三つ、PTコースは五つに簡素化した。これで、それまでのいわゆる年功的な昇格は制限されることとなった。ただし、この場合も、事務・技術職に当たるPGコースとPEコースにおいてはその等級が三つに圧縮されたのに対し、生産職に当たるPTコースにおいてはその等級が五つとおおむね維持されたことに留意する必要がある。現場を担うブルーカラーコア層に対して配慮したといえよう。

一方、個々人の月次給は、この役割等級によって定まる一定幅の範囲内で、毎年行われるコンピテンシー評価によって決定された。コンピテンシー評価とは、高い成果を出す人の行動特性を物差しとし、それに照らして被評価者の行動を測ることである。従来の能力評価に比べれば、成果に重点が置かれるものといえる。この改正により、働く人は、自ら役割と成果を高めることを絶え間なく意識させられることになった。

続く「働きがい」の追求

この変化を正規労働者はおおむね受け入れた。日経連が正規を重視する方針を設けていたことはすでにみたが、これは、いままで働きがいを求めてきた正規労働者の意識や行動に共鳴するものだったといえる。実際、正規労働者は環境の変化にもかかわらず、働きがいを追求し続けた。以下、日産労組が毎年設定する運動方針を素材にその様子を観察しよう。

バブル崩壊が全面化する前の一九九一年、日産労組は基本目標の一つに「魅力ある企業と職場づくり」を掲げ、その実現のために「働きがいのある企業と職場づくり」を求めた。「働きがいのある企業」とは、次のようなものであった。すなわち、「すぐれた水準の労働条件・職場環境・作業環境を提供する企業」、「働きがいのある仕事をつくりだす企業」、「個人の自己実現と企業の発展が両立している企業」、そして「明るく活力ある職場風土を生み出している企業」である。そのために、「単純・重筋作業・難作業の自動化、働き易さの追求、人間的なふれあいのある自由な雰囲気の職場風土の醸成、人材育成・教育の在り方の改善」を要求した。日本の労働者が、労働対象への自律的な働きかけによる働きがいを重視してきたことはすでにみた。「自由な雰囲気」や「教育の在り方」などに関する要求は、まさにこの働きかけに必要な自律性を求めるものだった。

以後も働きがいの追求は継続されるが、その内実は変化する。構造調整の始まる一九九七年になると、バブル崩壊前のような余裕はなくなり、「企業の体質強化」に向けた「労使協議会の充実」が必要と主張した。よって、「より職場実態を踏まえた各種労使協議会の開催」と「職場レベルでの労使意見交換会の定着・充実」を求めた。「体質強化」が強調されるなか、自律的な働きかけの要求は後景に退いたことがわかる。

実業家カルロス・ゴーンを最高執行責任者に迎え、いわゆるV字回復を成し遂げた後の二〇〇六年、組合は運動目標として「総合生活改善の取り組み」を掲げた。これは、「組合員が真に『ゆとり・豊かさ』、『働きがい・やりがい』を実感しながら業務に取り組むために、取り巻く環境の変化、ライフスタイルや価値観の多様化をふまえた魅力ある働き方や就労環境の実現を目指す」というものだった。働きがいが再び前面に出ているのがわかる。ただし、以前のような労働対象への働きかけにはもはや重点を置いていないことに留意しなければならない。

働きがいは、新たに「ライフスタイルや価値観の多様化」とかかわって強調されているのである。これは、個別化が進む時代の流れに沿う変化であった。しかしながら、労働対象への働きかけから得られる働きがいが比較的明確だったのに対し、ライフスタイルや価値観の多様化に見合う働きがいが何なのかは、必ずしもはっきりしない。これが、現在の労働組合が抱える悩みの種といえる。

その悩みを本書の立場から解釈してみよう。日本の労働組合は、一九七〇年代以降「個人↑企業↑社会」という道を進んできた。しかし、企業の時代は終わり、集団の意味も色あせた。企業を前提とし職場のなかで労働対象に熱心に取り組むことで得られる働きがいも、その魅力を薄めた。転換が求められるが、いままで後景に退いていた労働の第二の側面すなわち労働の社会的評価の共有という契機を前面に出すことは、おそらくすぐはできない。なぜなら、企業への傾倒の慣性から抜け出すのは容易ではなく、非正規の価値をどのように認めればよいか、その基準も整っていないためである。そのようななかで選んだ道が、集団のなかでの多様性を認めよう、ということではないだろうか。これは、少なくとも仲間各々の生活を含めた営みを互いに承認するという意味では、社会的評価の共有へ向けた大きな前進といえる。しかし、そこに止まるのが現状のようである。

現状を超えて、「ライフスタイルや価値観の多様化」を真正面から受け止めるためには、強い覚悟が必要である。まずは多様な労働者とそれに対する企業の評価について考えてみよう。すでにみたように、現在の労働者は、その役割と成果を日々評価されるが、その役割と成果は、あくまでも現行の正規の働き方を前提とするものである。しかし、本気で「ライフスタイルや価値観の多様化」を受け入れるならば、残業をしない、短時間勤務をする、育児休業・介護休業をとるとした場合も企業は偏見や差別なく公平な人事考課を行い、組合もそれを強く要求する必要がある。

次に、企業を超えた社会的な次元でも覚悟が必要である。「ライフスタイルや価値観の多様化」を、職場や企業の範囲を超え、社会全体につなげてゆかねばならない。現に、多くの人が、自分のニーズに合わせて働き方を選んでいるのが実態であるならば、社会構成員の多様な価値観を、「ありのまま」に認め、公平に処遇する覚悟をしなければならない。

女性の「脱出」

人びとのライフスタイルは、実はバブル崩壊前からすでに多様化しつつあった。特に女性において顕著だった。図4-2をみよう。これは、一九八〇年代以降、非農林業雇用者世帯における専業主婦世帯と共働き世帯の推移を示したものである。「標準」家族が成立した一九八〇年代、皮肉にもそこから「脱出」し仕事に就く女性が増え始めているのがわかる。一九九〇年

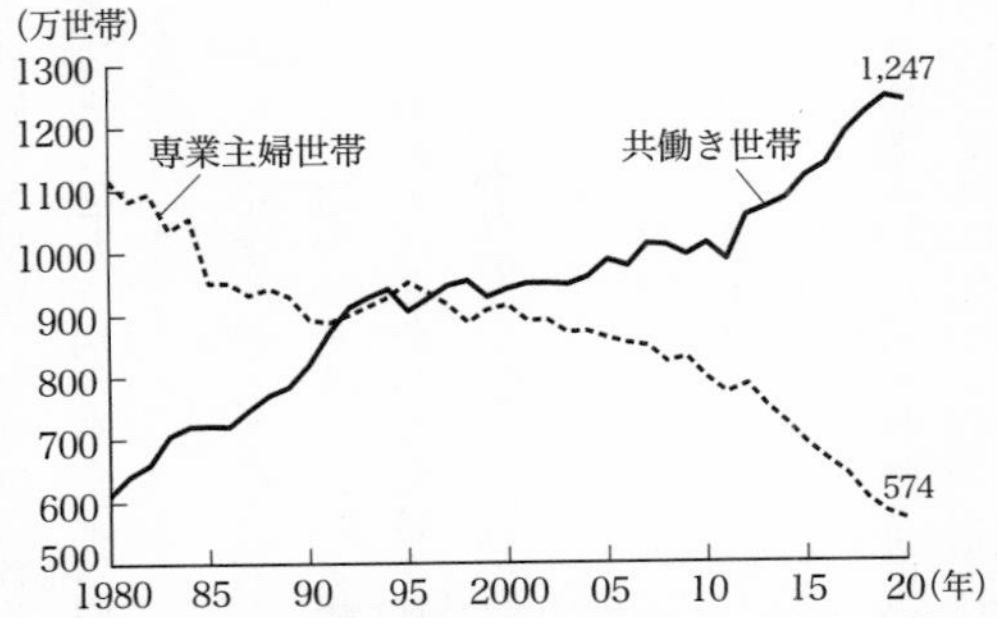

出典：労働政策研究・研修機構(https://www.jil.go.jp/kokunai/statistics/timeseries/html/g0212.html)

図 4-2　専業主婦世帯と共働き世帯(1980〜2020 年)

代に入って少し落ち着くものの、一九九〇年代後半から専業主婦世帯は減少し続け、今や共働き世帯の半分以下になっている。この背景には、リストラと成果主義の影響で、家族賃金を得る男性の比率が減少したことがある。また、労働市場に新たに参入する女性の比率が増加したことも与《あずか》っている。男性稼ぎ主モデルは、事実上維持が困難になったのである。問題は、働く女性の多くが非正規労働に就いていることである。これでは共働きをするとしても、世帯の所得が保障されるとは限らない。いわんや母子世帯にもなればすぐ貧困に陥りかねない(藤原 2018)。この状況では、男性稼ぎ主モデルに代わる新たなモデルを立てることはできない。

働くことを選択した多くの女性は、なぜ「半人前」の待遇に我慢し、一人前を要求しないのか。本書の冒頭で引用した二村一夫の言葉を思い出してほしい。二村は、「今後、かりに労働組合運動が再活性化することがあるとすれば、それは現在の企業社会では『一人前の構成員』

として認知されていない層＝女性従業員が、『私たちも人並みに』と要求して運動する時であろう」と、女性の奮起に期待を寄せていた。しかし、これは実現しなかった。なぜか。

政府は、女性自ら非正規を選択したことを強調する。政府の調査では、非正規に就いた主な理由を聞いているが、女性の場合、「自分の都合のよい時間に働きたいから」と答えた人がもっとも多く、全体の三四・〇％を占める。次は、「家計の補助・学費等を得たいから」と答えた人で、全体の二二・五％を占める。反面、「正規の職員・従業員の仕事がないから」と答えた人は七・九％に過ぎない。この結果からは、非正規の働き方について女性が反感を持っているとイメージするのはなかなか難しくなる。

一方、女性自身の選択を強調する政府と異なり、多くの女性が不本意ながら非正規として働くとする立場からは、男性稼ぎ主モデルの強固さが主な原因と指摘される。時間外労働や転勤が強いられる正規の仕事に継続して就業することは困難なので、仕方がなく非正規の仕事に就くしかないとするのである。本書も、この解釈を支持する。問うべきは、なぜ非正規から「脱出」しないのかである。その答えを探ってみよう。

主体性の罠《わな》

標準家族から「脱出」した女性が、職場で主体性を発揮しようとするのは当然である。企業は、女性に対し、主体性の発揮ができる場を彼女らへ提供するという姿勢をとった。そして、女性自身も、非正規であるにもかかわらず、主体性の発揮を追求した。その両者の思惑が均衡し、「半人前」の待遇で一人前のように働く、という現在の姿を作り上げた。

この現象を、本書は、働く女性が「主体性の罠」にはまったと表現したい。労働対象に働きかけることで得る「働きがい」への傾倒が、働く女性にも浸透した結果とみるのである。

ある小売業大手労働組合の例で、その内実の一端をみてみよう。この組合は、一九九六〜一九九七年度の運動方針において、「新たな『働きがいの創造』」を目標として掲げた。そこには、理由があった。この組合は、一九九五年度にパートを組合員として迎え入れており、一九九八年度からは組合員の範囲をさらに広げようと検討を続けていた。だが、雇用形態による労働条件の違いは小さくなく、組合員の範囲を広げると、組合内の待遇の格差はより大きくなる。組合の結論は、「組合員の『働きがい』という視点を大切にする」ことだった。

重要なので、組合自身の文章を引用しよう。なお、文中に出てくる「わが労組」と「わが企業」は、当該組合と企業を匿名にするための表現である。

なぜならこの「働きがい」という視点はわが労組を構成する組合員一人ひとりの問題であり、一人ひとりが働きがいを感じてこそ活力が生まれ、主体的な取り組みによる具体的活動の推進につながり、わが労組やわが企業の将来上の展望が切り開かれていくからです。

では、なぜ働きがいが将来の展望を切り開くのか。

わが労組がめざしている「働きがい」とは、単に賃金や福祉労働条件の向上といった直接的なものだけではありません。（中略）「企業人」という面からは、自らの仕事における努力や成果に対する適正な評価がなされ、同時に自らの働きが企業の発展につながるという自覚が持てること（中略）「個人」という面からは、仕事を通じてその能力を高め、自分自身の個性を発揮していくことです。

つまり、企業人であるとともに個人としての自覚をもって頑張れば、何とか自己実現にたどりつくという考え方である。こうして、賃金や福祉労働条件の向上だけでなく、企業の発展や自身の個性の発揮に努める「主体的な組合員像」が積極的に提起されることとなった。

以後、環境の変化にもかかわらず、この「像」は維持された。二〇〇三年度の運動方針においては、就労意識の多様化が進むなかで、働くことの意義が希薄になりつつあることが懸念された。よって、「一人ひとりの働きがいが企業を成長・発展させるとともに、小売りという業態を通じて地域や消費者に対し社会的価値を生み出し還元していくというわが業態の存在意義そのものを、企業や個人が再認識する必要がある」と主張した。

二〇〇七年度の運動方針においては、少子高齢化や性別・雇用形態間格差から生じる個々人や世代間のギャップが意識された。よって、「仕事への『やりがい』・『熱い思い』を一人ひとりに宿すことが、企業を発展させていく上での重要な要素となっています。『一人ひとりの情熱』を生むには、『人間性』『社会性』が尊重される職場風土や個人生活が守られていることが必要不可欠です」と主張した。

繰り返し検討してきた労働観を想起されたい。上記の引用のうちには、「地域や消費者に対し社会的価値を生み出し還元していく」というくだりがある。これは大きくみて、社会的価値の共有にかかわるものであるが、財とサービスの供給自体は消費者一般に価値を持つものであるゆえ、これらの運動方針が労働の社会的価値の共有に重点を置いたとはいえない。前述した一九七二年の全繊同盟方針にあったような、「たとえ仕事は単純であっても(中略)人間の労働としての価値を発見できるような制度や仕組みをつくり」たいという意気込みはもはやみられない。その点を勘案すると、この時期の組合は、労働対象への働きかけ(「仕事への『やりがい』・『熱い思い』」)に重点を置いていたと解釈できよう。

これは、ある意味皮肉なことである。「仕事への熱い思い」は、通常男性職場で追求された。そして、これが男性をして仕事に埋没させ、家庭をおろそかにし、結果的に性別役割分業をもたらしていると、特に女性の立場から批判された。だが、女性職場でも同じことが追求されているのである。むろん、男性職場よりは「自身の個性」が強調されているが、「主体性の発揮」においては変わらない。後述する暮らしの場での「自分らしさ」の追求は、働く場におけるこのような「主体性の発揮」と共鳴するものといえよう。

この際、パートの多くが「仕事への熱い思い」に駆り立てられている、と仮定する必要はないだろう。少なくないパートはこのような働きかけを受け入れない、あるいは「非公式」に抵抗する可能性さえある(金 2017)。にもかかわらず、このような労働観が、少なくとも「基幹パート」と呼ばれる層には浸透していることは否めない。パートとして働くとしても、それが「自己実現」につながるのであれば、あえてパートという制度に反旗を翻す必要はない。このような「主体性の罠」が、働く女性の一人前化を妨げているのである。

考えるべきは、非正規の女性が「主体性の罠」にはまっているとしても、当の女性が、必ずしも現状に満足しているわけではない、ということである。主体的であればあるほど、働きがいを感じれば感じるほど、正規との格差に敏感にならざるを得ず、その不満はただ我慢するしかない。一方、「主体性の罠」にかかっていない女性は、後述するように、ライフステージに合った「自分らしさ」を感じ取ることはできるかもしれないが、自分の社会的な価値を表現し、それを社会的に承認してもらうことには大きな限界がある。いずれにせよ、女性にとっては、生きづらい社会である。

分化し続ける若者

男性も非正規の比率が上がった。年齢階級別には、六五歳以上において非正規の比率が七一・三％と群を抜いて高い。それを除くと、いわゆる現役の層では、非正規として働く人の比率は女性に比べると相当程度低い。問題は、以前であれば正社員として採用されたはずの若者において非正規比率が高まっていることである。本書の冒頭でみたように、この間、社会への入口に立つ一五〜二四歳における非正規率は高まってきた。初職が非正規だとしても、後で正規に転換できれば、それでよいかもしれない。しかし、このようなケースはまれで、一度非正規となれば、そのまま転々とするのが一般的である。フリーターやニートは日常語となり、ひきこもりの状態に置かれる人も少なからず生じた。

雇用形態だけではなく、考え方においても分化が進んだ。たとえば正社員においても、「残業が少なく、平日でも自分の時間を持て、趣味などに時間が使える職場」を選好する若者は増え続けている(日本生産性本部「二〇一八年度　新入社員　春の意識調査」)。興味深いのは、他方で働きすぎる非正規の若者が少なくないことである。

たとえば福祉分野の場合、「社会的に弱い立場にある人を助けたい」という善意から、仕事で燃え尽きる若者が一定程度見られるという(阿部 2007)。本書の見方では、労働対象(この場合は被介護者)への働きかけによって自己実現を図ろうとするケースといえるかもしれない。いままでみてきた日本の労働観が、若年の非正規にまで影響を及ぼしているといえる。

若者が社会生活に困難を覚えることについては、国も放っておくわけにはいかず、在学生や卒業後三年以内を対象に「新卒応援ハローワーク」を、正社員を目指す若者のためには「わかものハローワーク」をそれぞれ作った。そして、「ニート」と呼ばれる人びとのために「地域若者サポートステーション」を用意した。都道府県も、若者の就職支援をワンストップで行う「ジョブカフェ」を各地に作った。これらの施設や支援が意味を持つのはむろんであるが、これらの支援を受けながらも、対象者の多くは非正規として仕事を得るのに留まった。さらに「ニート」やひきこもりの場合、就職が目的とされてプレッシャーを覚え、逆効果をもたらすケースも少なくなかった。

若者の就労を支援するNPOなど、中間組織も多数生まれた。その役割を高く評価すべきは論を俟たない。ただし、行政の下請けと化しているケースが少なくないこと、支援が若者に対して、どのような承認機能を果たしているのかが不透明なことなど、懸念がある。単に支援の対象となるのではなく、支援者の力を借りながら、自分たちも価値ある存在と認め合うことこそ重要である。この点からすると、現在の支援は、「サービス提供」に重点を置く傾向があるようにみられ、承認が行われる場合も、支援者—被支援者の関係が中心となる傾向がみられる。若者同士が認め合い、それを地域や自治体が認めるような関係に広げる必要がある。

三 「自分らしさ」とは?

「人間らしい生活」からの変化

一九九〇年代後半以後、暮らしの場の担い手は大きく様変わりすることとなった。第二章と第三章で紹介した『田無・保谷どんぐり』は、一九九六年に終刊となった。

『田無・保谷どんぐり』終刊間際に、どんぐり会の代表鳥海志げ子は、寝たきりの妻を介護していた八六歳の夫が風呂場で亡くなった話を誌上で取り上げ、以下のように述べた。

(情報交換の場と機会があったら)「みなで働いた税金での助け合いの関係なのですから、遠慮やガマンはしなくていいのですよ」と話し掛ける人がいたのではないかと思い、心が痛んだ。(中略)私たち市民は、人間らしい生活をするために、地域社会の人間関係を育てながら、ゴミの問題や、高齢者や子どもたちの生活の問題を考え、話し合う仲間を作っていかなければならないと思った。(四〇一号、一九九六年)

「市民」や「人間らしい」、そして「話し合う」ことを重視する姿勢に、最後まで変化はみられないことがわかる。

『田無・保谷どんぐり』の最終号で、鳥海は「新しい酒は新しい皮袋に」と記し、自らが進めてきた市民運動を次代に委ねた。こうして、NPOなどをベースとした新しいタイプの活動が、暮らしの場で登場することになる。

一九九〇年代以後、NPOに参加した女性の意識や動機を研究する小山弘美は、先述の東京都世田谷区の羽根木プレーパークの世話人となった女性の語りを分析している。一九九〇年ころから活動に参加するようになった女性は、当初「自分のため、自分たちのため、地域のため」と思っていたのが、大学の教員に「こういう活動が本当に重要だということを言われて」「社会のためにも必要なのかもしれない」と思うようになったという。その後、事業として区に認めてもらうよう、公園緑地課や児童課などと話し合いを続け、事業を具体化することが可能となった。そこで生まれた信頼関係が重要であったという。組織改革についても内部で話し合い、認定NPOを取得した(小山2018)。

ここでは、どんぐり会でみられた「市民」としての活動とは異なり、まずは「自分のため」に始めるこのような活動が、あとから他者による承認が得られて認識が改められている点に注目したい。他者による承認(大学教員の言葉)と、組織内外での時間をかけての「話し合い」の重要性に関しては、これまでみてきた暮らしの場の活動との共通点といえよう。最初は「自分のため」に出発しても、やがては人との出会いや話し合いを通じて自らが承認され、活動が社会的な広がりを持つ事例として位置づけられる。

他方で、右の事例からは、正当化の論理は読み取り難い。従来の運動においては、慣れ親しんだ地域の環境に何らかの価値を見出した「市民」が運動を展開する場合が多かった。プレーパークでの活動の事例はこれとは異なり、自らの考えや感覚に依拠して活動に参加し、事後的にその社会的な価値を実感する点に、特徴がある。

「自分のため」から出発するボランティアは、一九八〇年代の専業主婦にみられた「女縁」とも共通点がある。三浦清一郎は、「自分のため」のボランティアの特徴とは、主体的に自身の興味関心に従ってボランティアを選択し、やりがいを感じる点にあるという(三浦 2010)。留意しなければならないのは、「女縁」の場合、自らの「わたくし源」を生かして、ネットワークに関わり、複数の関係性を持ちつつ承認を得ていた。これに対して、「自分のため」から出発するボランティアでは、承認の根拠が人間的魅力などの「わたくし源」ではなく、「ボランティア」を行うことそれ自体に変化している。そのため、選択した「ボランティア」が、自分自身にとってやりがいを感じるものになるとは限らない。やりがいや「自分らしさ」になかなか出会えず、「自分探し」に時間を費やすケースも増加した。ボランティア活動やNPO活動の選択の幅は、二〇〇〇年代に入って広がった。しかし、そこで活動の価値を裏づける正当性は、集団においても個人においても弱まっているのである。

暮らしの場における一人前の変化

家族の外側での諸活動に関わろうとする動機のこうした変化は、暮らしの場における一人前の変化と関連する。暮らしの場での一人前は、男性有産者中心の地域社会のなかで、社会財の内容決定に関わろうとした主婦や労働者らが編み出したものであった。学習会で認識を深めるとともに、情報公開やその共有に多大な労力を注ぐことで、政治の担い手としても承認されるにいたった。

しかし、一九九〇年代以後、事態は大きく変わった。主に家族によって担われてきた子育てや介護などのケアが、法に基づき、家族の外側の諸団体によって担われる場合が増加した。主婦自らがNPOを立ち上げてこれらの事業を展開する（あるいはケア・サービスの担い手として現場で働く）ようになると、国や自治体と交渉する機会は減少した。同時に行政から委託された事業を、NPOが担うことが増加し、NPOの「行政の下請け化」が指摘されるようになった（田中 2006）。

以前であれば、自らと異なる利害や意見をもつ他者の承認を得るために、時間を費やして情報公開・共有を図り、話し合いに臨んだが、そのような機会は明らかに少なくなった。代わって、自分の事業体を選択した利用者のニーズに応える、個別的な承認の関係が生じた。暮らしの場は、個別のサービスごとに細分化していったのである。個別のニーズにサービスで応えれば、その特定のニーズを必要としない人びとや、他の事業者のサービスを受ける人びとから承認される――あるいは逆にそれらの人びとを承認する――機会は得がたい。個別の活動は重要であっても、地域のなかで活動の価値をめぐって承認し合う場は、細分化し個別化した。

暮らしの場が細分化したことは、当事者が必要なニーズにきめ細かく対応するサービスが生まれたことと表裏一体なので、それ自体は評価されるべきことである。プレーパークの事例のように、社会的な相互承認を得るケースが存在することも事実である。しかし、その相互承認が特定の活動のみに即した、あえていえば「狭い」ものであることも、また事実である。広い社会関係を結ぶ契機は、著しく弱まってしまったのである。

一九九〇年代以降は、「人間らしさ」よりも、「自分らしさ」という価値が重んじられるようになった。すると、自身を広く社会的に認めてもらう必要は弱まる。本書の表現にしたがえば、「格」の向上の方向が「自分らしく」になったため、主体性は「人間」という広がりを失い、個別具体的な「自分」に収斂《しゅうれん》するようになった。結果として、特定の価値をベースとして地域社会の成員として承認されることを意味する一人前は意識されにくくなった。こうして、暮らしの場は、他者と承認し合う場としては機能しなくなってきたのである。

二一世紀における「自分らしさ」の強調

二〇〇〇年代に入って、主婦の家族の外側での活動はどうなったのか。

最初に確認しておきたいのは、一九九〇年代から二〇一〇年代にかけての主婦の動向である。図4−2で、一九九〇年代後半以降の専業主婦世帯の減少傾向と、二〇一〇年代のその加速を確認した。このことは、主婦が暮らしの場で活動することにも影響を与えた。ここでは、国立女性教育会館（NWEC）の文献情報データベースを利用し、新聞記事タイトル数からその趨勢《すうせい》を追おう。

同データベースのメリットは、新聞記事を全国紙（朝日、産経、日本経済、毎日、読売）だけでなく地方新聞も含めた全五〇紙（二〇二二年度、全国紙大阪版を含めれば五五紙）を対象として採録している点にある。記事タイトルに検索ワードが記されていないが関連する記事である場合でも、記事ごとに書誌情報で主要なキーワードが付されている場合にはヒットするため、遺漏も少ない。

まず、資料区分を新聞記事とし全ての項目から「主婦」と「ボランティア」の両単語を含む記事について「同義語使用」の設定で検索すると、記事数は一九九〇〜一九九九年二一〇件と最も多いが、その後二〇〇〇〜二〇〇九年は一八〇件、二〇一〇〜二〇一九年は一〇五件と減少した。同様に「主婦」と「仕事」の両単語を含む記事を検索すると、記事数は一九九〇〜一九九九年は二〇四件、二〇〇〇〜二〇〇九年は四五七件、二〇一〇〜二〇一九年は六二〇件と大幅に増加傾向にあった(二〇二二年一二月二二日閲覧)。

実際の記事にあたっていくと、二〇〇八年のリーマンショック後に、「景気悪化、逆風だけど…再就職へ主婦奮戦」(『日本経済新聞』二〇〇九年四月三〇日夕刊)、「働きたい主婦急増　託児先や能力向上の準備を」(『読売新聞』二〇〇九年五月一九日)などの記事がみられる。二〇一〇年代に入っても、主婦が働くことに関する記事は多数みられる。読売新聞では二〇一三年四月三日から六日にかけて「主婦の再就職」というタイトルの特集記事を四回連続で掲載した。日本経済新聞でも、「子育て女性の再就職　インターンで不安解消　働く感覚と自信取り戻す」というタイトルの記事を掲載した(二〇一三年五月二七日)。

他方、NPOも、「はたらく　女性が支えるNPO法人　中枢を担う四〇~五〇代　多様な働き方を実現　地域の雇用の受け皿にも」(『東京新聞』二〇一一年九月一六日)のように、地域雇用の観点から注目されるようになった。市民活動に携わってきた女性たちを取材した秋山訓子「我孫子の女性たち　続く挑戦」(『朝日新聞』二〇一五年五月二四日)では、女性が働いていて忙しく、活動の後継者がいないという悩みが紹介されている。働く場への女性の関心が強まることで、暮らしの場での活動の担い手が減少している。

さらに、二〇一〇年代半ばに刊行された書籍や新聞記事には、ライフステージに合わせて自分らしく生きることを勧める論調が目につく。『朝日新聞』二〇一四年四月一二日の「オピニ

オン　耕論」は、女性誌『VERY』編集長・今尾朝子へのインタビュー記事を載せた。今尾は以下のように述べる。

家にいたい女性だって、シングルマザーになったり夫の収入が減ったりすれば、自分が働かなければならない。逆に子どもの受験や親の介護に力を入れざるを得ない時もあります。多くの女性はライフステージにあわせて色々な生き方、働き方を行ったり来たりせざるを得ないし、そんな行き来がこれからもっと当たり前になっていくでしょう。その行き来を自分流に楽しみましょう、ということなのだと思います。

このように、ライフステージに合わせた「自分流」を勧める。二〇一二年に刊行された『妻が再就職するとき』の終章タイトルは「女性が複数の顔を持つ社会」であり、ここでもそのときそのときの環境と自分のやりたいことを重ね合わせることや、ユニークな自分を探すことなどが提案されている(大沢・鈴木 2012)。いずれも、「自分がやりたいこと」が問われている点が目を引く。一九二〇年代に、家族と家族の外側双方で承認を求めた女性の人格は、それから約一〇〇年をへて、ライフステージに合わせた「自分らしさ」の考え方を求められるように変貌している。

「自分らしさの罠」と暮らしの場

前節で、働く女性と「主体性の罠」について述べた。このこととパラレルに表現すれば、暮らしの場における多くの人びとは、「自分らしさの罠」に陥っているといえるかもしれない。この二つの罠が互いに補完し合っていることが、問題解決を難しくしているとみることもできる。

暮らしの場では、人びとの意識は一人前のベースとなるような価値(たとえば、「人間として」「人間らしく」)を共有することに関心が向かなくなり、個別具体的な自分を目指すようになった。そのことは当事者性を重視することにもなり、多くの人びとに受け入れられていった。自分らしさを求める生き方をしても、人びとは、客観的には働く場や暮らしの場で他者と交流する。そのような契機があるからこそ、後から「自分は社会のためになっている」と実感することもある。ただし、交流のなかでそのような契機を見つけ出すには、余裕が必要となる。問題は、その余裕が失われていることである。そこで、忙しければ忙しいほど、それぞれの場での活動が「その場しのぎ」となることが増える。どのように助け合うかということよりも、どのように自分がうまくやり過ごすかということに関心が向くようになる。これは、人びとのリスク回避の性向が高まることと深くかかわる。

リスク社会と個人化の議論を展開するウルリッヒ・ベックの理論をまとめた伊藤美登里の研

究によれば、ベックは、古典的な「産業社会」である近代が、二〇世紀後半から二一世紀にかけての転換期に「第二の近代」へと移行していると指摘する。「第二の近代」では女性や労働者の個人化も進む一方で、福祉国家と中間団体の弱体化により、リスクが個人に直接降りかかるようになる。個人は、自分のライフコースに関して、「波乗り」をするように適宜状況を理解し決定することが必要となる(伊藤 2017)。多くのリスクを背負いながら、それを回避すべく、働くことと暮らすこと双方において自己決定を余儀なくされるのが、「自分らしさ」の内実である。

そのような個人化のもとでのリスク回避行動は、ジェンダー不平等が色濃く残る日本においては、女性に顕著にみられることになる。前述した、「自分流」を推奨する議論やキャリア形成の議論も、ベックのいう歴史的文脈に位置づけることが可能であろう。子育てや介護などに関して特定の――しかも弱体化しつつある――「場」にこだわって話し合おうとする意欲は減退する。限られた情報を手がかりに、その場その場で最善の選択肢を選ぶことに集中するようになる。そのような思考が、働く場での思考と結合すれば、仮に賃金に不満があっても、話し合いによってそれを改善するというよりは、自分なりに暮らしながら適宜働くというように、自らを納得させる方向に関心が向くことになる。

二〇代から四〇代を対象とした女性向けの自己啓発書に関する分析を行った牧野智和によれ

ば、一九八〇年代以後一貫している特徴は「自分らしさ」の追求が争点となっている点、仕事との関連でいえば将来のキャリアなどの現実的な観点ではなく、自分自身はこうありたい、自分自身はどう成長したかなど自分自身の内面を重視する態度を貫こうとしている点であるという。そのため実際の労働環境に関しては実情と合わない楽観論が語られることになると指摘している（牧野 2015）。この「自己啓発」こそ、「自分らしさの罠」を象徴しているものといえる。状況に応じつつ自分らしさを向上させようとする思考――そしてそのような思考を強いるリスク社会と個人化の傾向は、今や暮らしの場において深く根を下ろしている。

さらに問題なのは、自分らしさを追求できる条件は、人びとによって異なる点である。経済的な余裕のない人にとっての選択の幅は、自ずと限界がある。そうなれば、客観的には厳しい状況に追い込まれるリスクが高まる。これでは、格差がますます広がる方向に進んでしまう。

ひきこもりをめぐる経験――相互承認の模索

本書の視点からみたとき、「自分らしさ」は、自己実現を構成する一部であっても全部ではない。自己実現には、自らの価値を社会的に認めてもらう承認の契機も必要である。話し合いを通じて自分の価値を他者に承認してもらうことなしに、自分らしさのみを追求していること――すなわち「自分らしさの罠」に陥っていることに、現状における問題の所在がある。

とはいえ、二〇〇〇年代に入って、このような問題に立ち向かう種々の具体的な実践が積み重ねられている。ここでは、ひきこもりとその支援活動を通して、相互承認をつかみ取ろうとする実践を取り上げよう。そのことは、二一世紀に一人前の仕組みを再構築するに当たっても有益であろう。

林恭子は、自らが主宰する当事者・経験者団体であるひきこもりUX会議の活動とともに、ひきこもりや生きづらさを抱える当事者・経験者の話を紹介している（林 2021）。これらの実践を暮らしの場での活動と考えた場合に、三つの特徴がうかびあがる。

第一に、当事者性の重視という点である。ひきこもりに対する支援を政府は二〇〇〇年代から始めているが、その内容は、当事者の考えや思いに沿うものではない場合が多い。たとえば政府は就労支援を進めるが、林は「働けない、自立できない自分を責め、生きている価値がないと激しく苦しんでいる当事者に必要なのは就労支援ではなく、もっと手前の支援なのではないか」と指摘する。「もっと手前の支援」という言葉は重要である。そのことが第二の点と結びついてくる。

第二に、居場所の重視という点である。林は、居場所を、当事者やひきこもり経験者が否定されずに受け入れられ安心していられる場としている。ひきこもりUX会議では、「ひきこもり女子会」などの実践的な活動も行っている。ここで当事者が感じる自己肯定感とは、多くのメディアで推奨される「自分らしさ」とは大きく異なる。安心していられる場で同じような経験をもつ人の話が聞けることの重要性を、林は強調する。

第三に、時間幅の必要性の認識である。ひきこもりから抜け出すのに、一〇年単位の時間を必要とする場合も決して珍しくない。自らのことに気づき自信を持つプロセスには、時間がかかるのである。

林は、自らの経験を土台に、自治体や民間団体、親の会や地域的諸団体、地域の企業などが連携し、地域のなかで安心して生きていけるよう包括的な支援を求めている。林がいう「居場所」は、第三章まで取り上げてきた暮らしの場に含まれるものの、一致するものではないことがわかる。暮らしの場で「話し合い」を行う「場」よりも、「もっと手前の」、当事者が安心でき互いに承認し合える「場」を指すように思われる。暮らしの場で行われていた相互承認の契機を再生させる試みと位置づけることができよう。自己実現には、「自分らしさ」と相互承認の双方が必要という点に鑑みれば、「居場所」の重要性が改めて理解できよう。

自治体などにおいても、このような「居場所」の考え方を取り入れたひきこもり支援が広がっているという。これは、一節で取り上げた、働く意欲のある人を対象とした政府の「生きがい」とは内容が異なる。一人前の仕組みを再構築するには、このような「場」の再生が必要である。政府の提示する「価値」による包摂に依存することなく、関係性を育む「居場所」という場を時間幅を持って保障することが改めて求められているのである。

岐路にある暮らしの場と一人前

歴史にさかのぼって考えてみると、一九三〇年代と二一世紀は、社会の有り様は大きく異なるものの、共通の性格を持つことに気づく。それは、どちらも国家と社会の間にあった中間団体が弱まっている点である。承認機能が弱まり、個人が孤立しているという意味では、ともに危険な状況である。

しかし、人びとは、単に細分化された暮らしの場に甘んじているのではない。自らを表現することが苦手な、「生きづらい」と感じている人びとの存在を前提とした当事者運動とその実践が、試みられている。「居場所」とは、自己と他者とが激しくぶつかり合うなかでの承認を前提としていない。当事者同士安心して話すことができる「もっと手前の」場として、長期にわたって必要なものである。

介護保険制度のように、契約に基づく個別のニーズに応じた新たな形のサービスの提供は重要である。しかし、それだけでは不十分である。「居場所」のような「場」を介した社会的な承認も、現状において求められていることにもっと自覚的になる必要がある。

財産、収入、学歴、人間的魅力や個々のニーズに応じて、個別的に「自分らしさ」を追求することにとどまるのか。「自分らしさ」のみにとらわれず、「生きづらさ」の根をみつめて安心できる相互承認の「場」を追求しつつ、暮らしの場の再興をはかるのか。どちらを目指すかによって、私たちの暮らしの内実やそこで想定される一人前は大きく異なるものとなる。暮らしの場は今、そのような岐路に立たされている。

四　中間団体をなくし「自己責任」が独り歩きする社会――小括

個人の「責任」

技術革新の進展と産業構造の変化、そして福祉国家の機能低下が相まって、世界的に格差が拡大し、貧困が社会的問題となっている。一方、家族の機能が弱まり、人の価値観が多様化するにつれ、個々人のニーズはより多様な形で現れている。二〇世紀後半の「福祉国家の時代」には、家族が個人のケアを担うことを前提に、世帯の所得を保障することに重点が置かれた。しかし、いまは家族がケアを担える程度が低下し、所得だけでなくケアを保障する必要性が切実になってきている。裏を返せば、所得とケアのどちらかを保障されない人は、社会的に排除される可能性が高くなっていることを意味する。少なくない人にとって生きづらい時代となったのである。これは、一人前として生きていくことが困難になっていることを示す。では、日本の現実は、どうなっているのだろうか。
バブルの崩壊とそれに続く長期不況は、企業に対する評価と期待を下げた。問題は、企業を代替するに値する存在がみつからなかったことである。地域は、企業中心社会のなかですでに弱まっていた。承認の場とその仕組みがあいまいになるなか、台頭してきたのが「個人」である。

いまや「個人の尊重」や「自己実現」はもっともよく使われる言葉となった。たとえば、一九一七年から二〇〇九年までの新聞記事を対象に、テキストマイニング手法を用いて、「自己実現」を含む文章がどのくらい載っていたかを調べた研究が、よい手がかりを与えてくれる（佐々木 2016）。それによれば、「自己実現」を含む総文章数二三二四件のうち、一九七〇年代以前が三三件、一九八〇年代前半が八件、一九八〇年代後半が六九件であったのに対し、一九九〇年代前半が三一七件、一九九〇年代後半が五二二件、二〇〇〇年代前半が七九〇件、二〇〇〇年代後半が五八五件だった。一九九〇年代以降明らかに多く登場していることがわかる。

マスコミだけではない。「自己実現」は政策の拠り所としても使われるようになった。安倍政権において「生きがい」が強調されたことはすでにみたが、これは、各自働くことを通して自分の価値を実現し、それをもって生きがいを感じてほしい、という国から国民への意思表明ともいえる。これは、いままでの図式でいえば、「個人↕集団↕社会」という経路において閉塞が発生し、「個人↑国」という形で価値の承認問題が処理されようとしていることを示す。しかし、これでよいとはいえない。中間項がないゆえ、この構図は健全とはいえない。国が人びとの価値に直接介入するのは危ないといえる。

もともと「個人の尊重」や「自己実現」は、それ自体としては無条件に望ましいものである。問題は、どのようにすれば個人が尊重され、自己が実現されるかである。そのためには、なにより自己実現の場とそのなかでの承認が必要である。しかしながら現在、これらについて用意してくれる仕組みはない。たとえば、「ブラックバイト」の横行やひきこもりの拡大は、裏を返せば、場と承認の大切さを物語る。にもかかわらず、条件を整えないまま、「個人の尊重」と「自己実現」を掲げ、その方途として個人の「選択」を強調することは、責任だけを転嫁することになりかねない。

働きがい・自分らしさ・自己実現

この「個人の尊重」と「自己実現」という考え方は、働く場と暮らしの場における承認の正当化論理にも大きな影響を及ぼした。働く場においてそれは、パートを含めた全従業員の「働きがい」という論理に集約された。それに関する労働組合の文章をもう一度読んでみよう。「わが労組がめざしている『働きがい』とは、単に賃金や福祉労働条件の向上といった直接的なものだけではありません」。なぜなら、「『企業人』という面からは、自らの仕事における努力や成果に対する適正な評価がなされ、同時に自らの働きが企業の発展につながるという自覚が持てること」であり、「『個人』という面からは、仕事を通じてその能力を高め、自分自身の個性を発揮していくこと」だからである。こうして、仕事を通じて、自分の能力だけでなく、自分の個性をも発揮していくことが強調された。よって、自分の能力と個性を発揮し、働きがいを感じ取ることができれば、十分ということとなる。

ただし、ここに提示されている、「個人→個性の発揮→働きがい」という経路は、本書の立場からは自己実現の一側面に過ぎない。働きがいに加えて、労働を介した社会的評価の共有があってこそ、自分の社会的価値の実現＝自己実現に結実するのである。

同様のことは、暮らしの場においてもいえる。暮らしの場で「自分らしさ」が強調されてきたことはすでにみた。たとえば、「自分流に楽しみましょう」という言説がそれを象徴する。この「個人→自分流→生きがい」という経路を誰も否定できない。確かに自己実現のために必要な一つの側面なのである。問題はここでも、自分の活動を媒介とした社会的評価の共有であろう。

本書の冒頭で、日本の若者はなぜ自分の固有の価値を尊ばないかと問うた。ここまでの検討をふまえれば、その理由もおおむねわかる。「人間の尊厳」という意識がもともと弱いうえに、自らの労働や活動を媒介として、自分を社会的に承認してもらう機会が減っているからである。

ダイバーシティ・中間団体・国

では、価値実現＝承認に向けて、社会をどのように進めることができるだろうか。一人前の定義に沿って、その内容と手続きを中心に検討しよう。

まず、一人前の内容について注目したいのは、「ダイバーシティの尊重」が時代の流れになっていることである。「ダイバーシティの尊重」自体は、一人前にとって諸刃の剣となる。すでにみたように、一人ひとりが自分らしさを追求して、自己満足や部分的な生きがいを得ることができたとしても、それが社会的な自己実現にはつながらず、むしろ一人ひとりを自分の世界に閉じこもらせることも十分あり得るからである。しかし、ここでは、「ダイバーシティの尊重」のポジティブな機能に期待したい。

日本の人びとは、その労働観の影響を受け、人をありのままに認めるよりは、自己を向上する人に限って認める慣性を自ら作り上げてきた。「ダイバーシティの尊重」は、この慣性に歯止めをかけ、人をありのままに認める方向に歴史のベクトルを転換させる決定的な契機となる。そのための課題は、この「ダイバーシティの尊重」に内実を与え、人びとが自分なりの一人前を獲得できる道筋を示すことである。

「ダイバーシティの尊重」に内実を与えるためには、「ダイバーシティ＝個別化」に歯止めをかけ、「ダイバーシティ＝集団化」をはかることが重要である。多様な価値の実現には、実は集団が欠かせないのである。家族は解体する傾向にあり、中間団体は衰退するなか、個人がむき出しになって市場と国家の前にバラバラに立っている現在の状況をふまえれば、なおさらそうといえる。

よって、一人前を充たすための内容は、一人前を充たすための手続きと密につながる。すなわち一人前として認め合うための話し合いをどうするかということである。国家優先の理屈からは、「個人↕集団↕社会」のうち、「集団」を排除し、「社会」を国家に一元化し、「個人↕国家」という構図を作ることはできる。別のアプローチではあるが、安倍政権において国が個人の価値の承認主体になろうとしたことをすでにみた。しかし、国から「あなたは価値がある」と承認されても、その価値に共感しともに評価してくれる集団が周りにいなければ、空疎である。なお、国が個人を直接評価する場合、目立つ人に関心がいきがちで、一定以上の階層に属する人や自分を表現することに長《た》けている人は評価されやすい側面があるが、そうでない人にむしろ孤立を強いることとなり、格差の拡大を助長しかねない。そうであれば、どのように二一世紀の現在に見合った「集団」があり得るか、という点を考えるべきだろう。

その出発点としては、何より「場」の存在が重要である。なぜなら「場」があって、初めて

「話し合う」ことができるし、お互いが対等であることが実感できるからである。この際、いくら同じ職場で働く——あるいは同じ地域社会で暮らす——といっても、人によって利害や考え方は当然異なる。だからこそ「話し合う」ことを通じて、他者を認めつつ打開策を探ることが重要なのである。その過程を通じて、お互いが承認されることになる。

現在、「場」は働く場よりは暮らしの場においてより切実に必要である。働く場においては制度的に「場」が確保されているのに対し、暮らしの場においては、制度的な「場」が存在しない。現状では、人びとの側から自発的に中間団体を建て直すことは難しいだろう。にもかかわらず「居場所」は大きな示唆を与えてくれる。「居場所」に集まることで直ちに一人前になれるわけではないが、一人前になるその手前を経験することはできるからである。

壊れたものを元通りに修復することは難しい。修復は歴史に逆行することにもなりかねない。しかし、現状を冷静に見つめれば、単に中間団体が消失したわけではないことも理解できよう。新たな形での再興ができるかもしれないのである。では、どのようにすれば、新たな一人前の仕組みを作り出せるのか。その道筋を検討しよう。

終章　新たな「一人前」を求めて

何が新しい価値になるのか

　ここまで長い道のりをたどりながら、一人前というキーワードを手がかりに、日本社会の性格を探究し、現在の問題点について考えてきた。終章では、次の二点に留意しながら、将来に向けての新たな一人前の可能性を論じる。

　第一に、日本の特徴をふまえることである。社会制度は経路依存的なものである。変えようとする場合も、完全に異なる経路を設計することはできない。第二に、可能な限り、行動主体の長所に依拠することである。そうしてこそ、行動主体のエネルギーを十二分に引き出すことが可能となる。

　さて、一人前の追求に当たって、戦後社会を生きた人びとは、無数ともいえる営みを積み重ねてきた。そのなかで特に長所といえるものとして次の三つを取り上げることができる。

一つは、一人前の基礎に「労働」を置くたくましさである。ただしこれが、労働しない人の排除を生み出すという短所に転じ得ることには注意する必要がある。もう一つは、「話し合い」という具体的な行為を編み出す巧みさである。そして最後に、与えられた概念を「逆手」にとって自分のものに変換するしたたかさである。では、このような長所を生かしながら、新たな一人前を模索すると、どのようなものになるのだろうか。

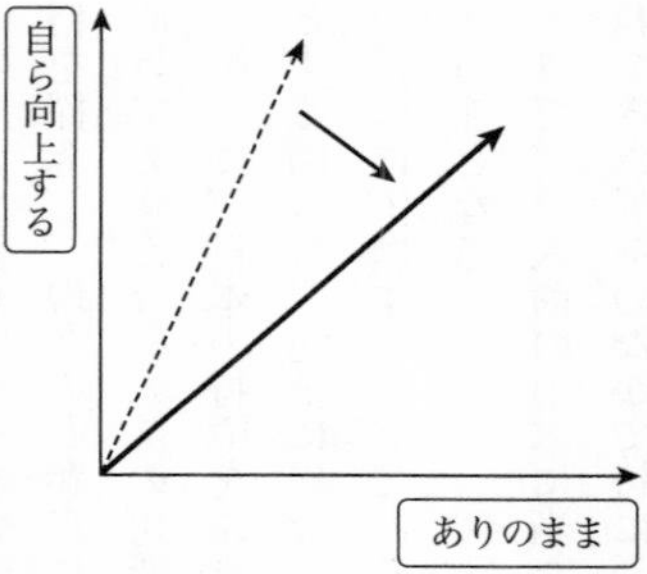

図5-1　これから求められる一人前の概念図

これから求められる一人前を概念的に示すと、図5-1となる。これは、一九七〇年代から一九九〇年代までの一人前の概念図を示した図3-2をもとにしたもので、軸は同じである。横軸は個々人を「ありのまま」認めることを示し、縦軸は「自ら向上する」人を認めることを示す。

何が変わっているのか。それは、「向上」を重視してきた従来のベクトル(左側の点線)から、いままで軽視してきた「ありのまま」をより重視するベクトル(中央の実線)にその向きを変えることである。健全な価値評価が追求すべきは、自ら向上しながら、他の人の価値も同時に認めることである。

第三章、第四章でみたように、一九七〇年代から一九九〇年代まで、一人前のベクトルが左側に傾いていたのは、人びとが育ててきたユニークな労働観の影響があった。つまり、労働が自己実現に結び付くためには、①労働対象への働きかけにおける自律性と、②労働を媒介とした社会的評価の共有という二つの側面を併せ持つ必要があったところ、②よりは①に重きを置くようになったのである。結果、①を通して「自ら向上する」人、具体的には、「コミュニケーション＋特殊能力＋働きがい」を備えた人が、一人前として認められた。代わりに、それらを備えない人、たとえば女性・非正規・零細企業の労働者などは、一人前として見なされないようになった。

これに似た現象は、暮らしの場においても生じた。一九七〇年代までは「人間らしさ」を追求し、「人間」であることに共感し、社会的評価の共有をはかったがゆえに、連帯と運動は広がった。しかし、人びとの価値は徐々に「自ら向上する」方向に傾き、「女縁」や「当事者主権」といった動きも、自らの魅力あるいは当事者としてのニーズを表現できるという意味では、「自ら向上する」方向にベクトルを押し上げた。こうして、一九九〇年代にいたるまでに、働く場と同様、広がりは失われていった。そして、従来の市民団体が継続的な活動に取り組めないなどの要因が重なり、暮らしの場でも一人前を承認する仕組みと一人前の範囲は狭まっていったのである。

むろん、一九七〇年代から一九九〇年代までを基準にした場合、その前の時期とその後の時期とでは一人前をめぐる問題の性格が変化しているゆえ、「広がり」や「狭まり」を単純に比較することはできない。働く場に即していえば、前の時期においては承認のために解決すべき問題が主に集団的な性格を持っていたが（労働組合の結成や賃上げなど）、後の時期においてはその問題が個別的な性格を強く帯びるようになった（個別労働紛争や人事考課など）。よって、前者では集団や社会に向けて広がりやすかったのに対し、後者では個人に向けて狭まりやすかったのである。暮らしの場における女縁や当事者運動も、同様であった。

しかしながら、この点に鑑みても一九七〇年代から一九九〇年代までの時期に、狭い範囲で人びとが「向上」にこだわった点は特筆すべきである。その慣性は、パートの例ですでにみたように、いまでも尾を引いているといえよう。

働く場における新しい価値へのシフト

ただし、その慣性は今や明らかに弱まっている。近年におけるワーク・ライフ・バランスの重視がその好例である。そして、従来の慣性に代わるような新たな動きが活発になっている。働く場に即して、その例を紹介しよう。

日本を代表するクレジットカード会社の一つ、クレディセゾンは、二〇一七年九月、「全社員共通人事制度」を導入した。それまで同社は、「総合職社員」「専門職社員」「メイト社員」という雇用区分に沿って人事管理を行っていた。総合職社員は無期雇用で月給・賞与ありの処遇、そして無限定の職務内容であるのに対し、専門職社員は無期雇用で月給・賞与ありの処遇であったものの、職務内容は限定的だった。あえていえば、ほかの大企業によくみられる「一般職」に当たる。メイト社員は、ほかの企業の「パート」同様、有期雇用で時給・賞与なしの処遇で、職務内容も限定されていた。

これら専門職社員とメイト社員の多くは女性であり、女性活躍の観点からもキャリア・デベロップメントが課題となっていた。そのため、当社は雇用区分間の転換制度を設けていたが、転換希望者の数は毎年二〇〜三〇人程度と限られていた。制度上、上司の推薦があれば志願できたものの、試験(論文と面接)の成績により転換が決まったので、それがハードルとなり、志願者の数は伸びなかったのである。

「全社員共通人事制度」は、そのような雇用区分をなくし、従業員の身分を「社員」に統一した。そして、全社員にそれぞれ役割等級を付与した。結果、アルバイトを除いた従業員全員が、無期雇用で月給・賞与ありの処遇を受け、原則無限定の職務内容を有するようになった。これにしたがい、従来雇用区分間の転換に必要であった試験も廃止され、キャリアの壁は基本的に取り払われた(以上、禹 2021)。類似した人事改革は、ほかの企業や業種でも広がりを見せている。たとえば、生命保険業界においては、総合職と一般職の雇用区分をなくすだけでなく、正規と非正規の雇用区分自体を撤廃、あるいは非正規の多数を正規化する人事改革が、少なくない企業で行われた(金井 2021)。

一方、従業員のなかでの身分差を縮める動きは、パートを多く抱える小売業においてもみられる。その代表的な例が、イオンリテールである。同社はすでに二〇一六年、従来有期雇用であったパート(「コミュニティ社員」と呼ばれる層)の多くを無期雇用にした。そして、二〇二一年から二年の準備を経て、制度改革を断行した。それは、一言でいえば、「コミュニティ社員」にも正規同様の資格を設け、その資格試験に受かりさえすれば、正規とまったく同じような処遇を与えることである(イオンリテールワーカーズユニオンからの情報提供)。雇用区分自体をなくしたわけではないが、パートを続けながらも正規と同等の処遇が得られる道を開いた点で、画期的ということができる。

一九七〇年代以降、パート雇用が本格化し、一九九〇年代以降は非正規雇用が常態化した。そして、これらの異なる雇用形態が異なる身分と化してきたことは、繰り返してみた通りである。しかし、今やその身分の差を縮めたりなくしたりする動きが広がっている。この動きを身分の単一化、すなわち「シングル・ステータス(Single Status)化」と呼ぶのであれば、これこそ働く場における新しい価値へのシフトを象徴するものといえる。

価値をシフトさせる動力

では、何がこのシフトを促しているのか。客観的には少子高齢化のなかでの人手不足が挙げられる。女性をはじめ、多くの人をありのままに認めないと、その参加と活力を引き出せない状況が作られているのである。しかし、客観的な情勢だけでは説明が足りない。人手不足に陥っているにもかかわらず、身分の単一化に向けた動きのみられない産業や企業は少なからずあるからである。よって、価値のシフトには、労使の主体的な要因も大きく働いていると言わざるを得ない。詳しく述べる余裕はないが、前述した「シングル・ステータス化」の事例においては、優れたリーダーたちの決断が方向転換に重要な影響を及ぼした。そして、何より当の女性や非正規労働者自身の意欲と能力がそのシフトを左右した。

ここでは、前述した将来の展望に当たって留意すべき点、すなわち、日本の人びとの長所に沿って、何が価値のシフトの動力となっているかを考えてみよう。

第一の長所は、一人前の基礎に「労働」を置くたくましさであった。クレディセゾンの事例において、経営側が「新たな役割への挑戦」を強調したことや、労働者側がキャリアへの高い関心を示したことなどがそれである。とりわけ注目すべきは、労働を大事にするとしても、従来の企業への傾倒や「特殊能力」、あるいはもっぱら「自ら向上する」ことを重視する考え方からは距離をとり、「労働する者同士として価値を認め合う」方向に近づいていることである。

第二の長所は、「話し合い」であった。日本の人びとは、「話し合い」の仕組みを独自に発展させてきた。これは、いわゆるコミュニケーションのテクニックを意味しない。そうではなく、階級や階層の壁を取り除きながら、互いに認め合う慣行や制度を作り上げてきたという意味である。働く場において、ブルーカラーとホワイトカラーとの間に話し合いを広げ、その差を縮めたのが好例である。紹介した事例においても、「シングル・ステータス化」は、労使間および労働者のなかでの丁寧な話し合いのプロセスを経てはじめて実現された。

たとえば、イオンリテールの場合、経営者側はさておき労働者側だけに焦点を当てても、時間給組合員対象にアンケートを実施する、制度改定に向けた職場の声を集める（政策フォーラム、職場集会、会議体など）、組合執行部と会社の人事で拡大労使ミーティングを開催し、職場の声をもとに労使間で意見交換を行う、組合の支部総会で制度改定案を確認する、組合の中央委員会で制度改定案を決議する、という丁寧な手続きをとっていた（イオンリテールワーカーズユニオンからの情報提供）。前章において、二一世紀の現在においても「集団」は重要と述べたが、話し合いを通じた集団形成の重要性を改めて示しているともいえる。

第三の長所は、企業／国の政策あるいは概念を「逆手にとる」ことであった。戦後日本を生きた人びとは、自ら新たな概念を作り上げる時間的・精神的余裕はあまり持たなかったが、与えられた概念を逆手にとって自分のものに変換することに関しては、一貫してしたたかさを示してきた。たとえば「年功」は、もともとは経営側が労務管理の必要上考案した概念であったが、労働者側がそれを逆手にとって、「年功＝価値あるもの」と変換し、ブルーカラーのホワイトカラー化を進めたことが好例となる。

「シングル・ステータス化」において、労働者側が逆手にとっているのは、ほかならぬ「ダイバーシティの尊重」である。すでにみたように、今やダイバーシティの尊重は「時代の命令」のようになっている。たとえば政府は、二〇一五年に女性活躍推進法を制定し、二〇一八年には「ダイバーシティ2.0行動ガイドライン」を策定した。ただし、これらの政策は、部分的には「女性の労働参加の推進やM字カーブの改善」を目指すものの、全体的には「多様な人材がその能力を最大限発揮し競争力を高めていくこと」を目指す「成長戦略」としての性格が強いものであった。よって、管理職や役員への女性進出あるいは女性による起業が重視され、女性の「ありのまま」の承認を求めるものではなかった。

クレディセゾンを含めた上記の事例は、時代の命令と化したこの「ダイバーシティの尊重」を逆手にとり、価値の方向を「ありのまま」にシフトさせ、性別間・雇用形態間の格差を縮めようとした試みとして解釈できる。むろん、シングル・ステータスにつながる人事改革は、通常は経営側の主導で進められる。よって、それ自体を労働者側が逆手にとったものとみるべきではない。しかしながら、その背景には、いままでと同様の労働者側の行動様式が横たわっている。それは、一言でいえば、従業員の身分差が社会的な階層差に直結することに対する、労働者側の強い反発である。

従来パートは「家計補助的」な地位に甘んじているといわれてきた。しかし、もはやパートの賃金に夫の賃金を足せば、それで「中産層」の生活ができるとは言えなくなっている。なお、いまも少なくない女性が、性別役割分業規範にとらわれているのは否めない。しかし、家族のなかにおいても社会のなかにおいても、単なる「補助的」な存在と見なされることについて、女性の我慢はそろそろ限界に達しようとしている。すなわち、非正規や女性は、不満を積極的に表出してはいないとしても、「身分差＝階層差」という図式に与しているわけではない。彼女たちの多数は、基本的に階層差の縮小を願っており、その意味で「シングル・ステータス化」は「ダイバーシティの尊重」を逆手にとって階層差縮少をはかったものとみて差し支えないだろう。

こうした動きが社会を変えるには、企業の範囲を超える必要がある。クレディセゾンの旧メイト社員やイオンリテールのコミュニティ社員は、たしかに企業のなかでは一人前に近づいている。ただし、さらに、社会的にも承認され、一人前としてふるまうことができる仕組みを構築する必要がある。たとえば、小売業であれば、産業レベルの労使間ダイアローグを通じて、ビギナーはさておき、一定程度の経験とスキルを有するパートは、当該産業の「基幹労働者＝一人前」として認定することである。なお、政労使間のダイアローグを通じて、「基幹労働者」の最低賃金をビギナーのそれより一段高く設定することも考えられる。いずれにせよ、「個人→集団→社会」の経路を切り開くことが重要といえる。

なお、図5－1に即した際、横軸に近い三〇度線上にいる人びと（たとえば、就職困難者などキャリアの展望を持てない人びと）は、どのようにすれば四五度線上に移動することができるかも考えなければならない。「向上しよう」とプレッシャーをかけるだけでは、状況を悪化させかねない。「ありのまま」の自分を肯定することで、それがバネとなって四五度線に近づくことができると考えるのが穏当であろう。これは、次の暮らしの場でのシフトと密接にかかわる。

暮らしの場における新しい価値へのシフト

まず確認しなければならないことは、二一世紀に入って、暮らしの場は劇的な変容を遂げたという点である。図4－2でみたように、専業主婦が減少し、雇用労働に従事する女性が増加した。家族の機能が弱まるなか、子育てや介護など、家族の機能を代替するサービスの提供が、暮らしの場で必要となった。

このような変化の結果、家族の外側に位置する暮らしの場は、いくつかの異なる性格を有する複数の場として構成されることになった。ここでは、三つに分類しておこう。

第一には、二〇世紀から存在する、人びとにとって価値ある「社会財」を求めて自治体などと話し合う際に形成される場である。このタイプの暮らしの場は、一九九〇年代以後減少してきているが、水道民営化に反対する住民団体など、二一世紀においてもなくなってしまったわけではない。

第二には、個人が自らのニーズに見合ったサービスを求めてその提供者と話し合う際に形成される場である。サービスを受ける当事者と子育てや介護、介助を供給する事業者などによって作られる場と考えられよう。

以下で注目したいのが第三、当事者が安心を求めて支援者および当事者同士で話し合って形成される場、すなわち「居場所」である。本書においても、ひきこもり支援との関係で居場所を紹介した。第一、第二の暮らしの場とは異なる性格をもち、新しい価値へシフトする上で重要な意味を持つ。

近年、「居場所」がさまざまな形で作られているのは、現状における社会の問題点と関係する。「自分らしさ」や「自己決定・自己責任」が求められるなかでは、自分に自信を失う機会が多い。いじめや虐待などを受けて精神的に傷つくこともあれば、就労を強く求められ生きづらいと感じる機会も存在する。従来そのようなネガティブな経験を受け止めたのは家族であったが、家族も弱体化してきている。「居場所」は、自らのネガティブな経験や本音を安心して互いに自由に発言し認め合える場なのである。貧困問題と関連して、子ども食堂を作る動きも、「居場所」との関連で注目される(その一例として、豊島子ども 2016)。

「居場所」は、ネガティブな経験を含め、ありのままの自分を認めてくれる場である。そうであれば、「承認をめぐる闘争」の歴史を描く本書にとって、「居場所」はこれまでにはみられなかった新たな価値を提示する場として、見逃すことができない。

居場所の「価値」は「暮らしの場」全体へ

それでは、「居場所」で承認される、ありのままの自分という価値は、「暮らしの場」全体に浸透するのであろうか。さらにいえば、「居場所」は、図5-1のベクトルの向きを押し戻す動力になり得るのであろうか。なり得る、というのが、本書の主張である。

まず、ありのままという価値は、「居場所」だけではなく、先に第一、第二として整理した場においてもみられるようになってきている。

たとえば、八王子市において長らく家庭教育学級や種々のボランティア活動に携わってきた主婦は、二〇〇〇年代に入ってから、講座の開発よりも、親の悩みや迷いなど「自分たちのことを話せる場」を重視するようになったことを述べる(石渡 2021)。これは、第一の場の実践でも、ありのままの価値が重んじられるようになった事例として位置づけられよう。

第二の場においても、変化はみられる。障害を持つ人びとの当事者団体である全国自立生活センター協議会(JIL)は、ウェブサイトに「ありのままのあなたでいいよ」というメッセージを掲げている(http://www.j-il.jp/about-pc 二〇二三年一二月二日閲覧)。当事者性を表現することを目的とした運動開始当初は、ニーズを自ら表現する点に重きが置かれた。すなわち、図5－1のベクトルは「自ら向上する」に向いていた。この考え方は継承されていると思われるが、他方で精神的サポートにおいては、ありのままの価値が注目されるようになっている。

ありのままの価値は、単に人びとに共有され浸透し始めただけではない。暮らしの場の新たな一人前に向けて、価値をシフトさせる動力と結びつくかもしれない。働く場の動力である「労働」、「話し合い」、「逆手にとる」は、暮らしの場の歴史においても見出すことができるからである。

これまで述べてきたことを思い出してほしい。暮らしの場で自らを価値ある存在として相手に認めさせることができたのは、情報公開とその共有に時間と労力を注いだからであった。そのことを通して、自治体や企業などと対等に話し合うことも可能となった。一方、介護保険は政府による福祉政策の転換を逆手にとり、介護の社会化を埋め込もうとしたものであった。

ひきこもりUX会議や豊島子どもWAKUWAKUネットワークなどの活動は、自治体や地域諸団体との関係を作りつつ進められている。ひきこもりUX会議においては、自治体や企業と連携し、当事者に無理のない形での就労支援プログラムを試みるなど、「居場所」と働く場を架橋する活動もみられる(林2021、豊島子ども2016)。

これらの活動には、価値をシフトさせる動力が働いているとみて良いのではないか。人びとの間での価値の共有と、その価値に照らしての一人前としての承認、そして政策への具体化、さらには権利を求める動きへとつながっていけば、働く場同様、「個人↓集団↓社会」の経路が切り開かれていく。孤立していた個人が、居場所を通じて集団となり、その価値を社会に広げていくことができるだろう。

注意しなければならないことは、働く場と異なり、暮らしの場の諸実践は、国の政策と直接結びついている点である。NPOが、国の政策の下請けの役割を事実上果たす場合が多くみられる点や、国が「生きがい」などの価値による包摂を図ろうとしている点については、第四章で述べた。子ども食堂関係者による座談会では、事業委託など国の政策枠組みに取り込まれると自由度がなくなると指摘し、地域住民の主体性を大切にする組織づくりが強調されている(豊島子ども2016)。

同時に、「居場所」において欠かせないことは、ありのままの個人を承認するために必要となる当事者が安心できる環境である。林恭子は、ひきこもりUX会議での「居場所」やイベント開催の際に、性的マイノリティへの配慮など、あらゆる視点をもって安心の確保に努めているという（林 2021）。安心の確保という価値は、暮らしの場全体において、ひいては働く場においても今後さらに必要となる価値といえよう。きめ細かな配慮と自由な雰囲気づくりなど、当事者が安心できる場の設定が、図5－1のベクトルの向きを戻すための第一歩となろう。

本書では、働く場と暮らしの場の関係に留意しつつも、それらを分けて論じてきた。今後は、終章で簡単に試みたように、働くことと暮らすことを統合して考えていくことが必要となろう。働く場においては、シングル・ステータスがすでに試みられている。すなわち、日本社会において新たな一人前が形成されつつある。暮らしの場においても、ありのままという新たな価値の共有を通して、連帯が可能な関係性づくりの萌芽がみられる。今はまさに大きな転換点といえる。働くことと暮らすことの双方にかかわる新たな価値を、具体的な事例に即して地道に検討していくことを通して、日本社会の将来に向けての展望が開けてくるのではないか。

時代の渦中にいると自分の位置がわからなくなることは、往々にしてある。そのようなときには、長い歴史をたどることで、現在がみえてくることもある。戦後を生きた人びとによる「承認をめぐる闘争」を歴史的に追うことで、私たちの現在地を確認し、将来に向けてのささやかな展望をえがくこと——その試みが、本書なのである。

あとがき

本書は、著者である禹と沼尻の共同研究の成果を、なるべくわかりやすく、多くの読者に伝えることを目的として執筆したものである。一人前という言葉をキーワードにしながら、主として価値の承認――権利の承認を意識しつつ――に注目して、その一〇〇年にわたる歴史を描くことは、少なくとも日本近現代史研究のなかではほとんど試みられることがなかった。なぜ、このような視角から、戦後社会の歴史を描こうとしたのか。

動機は、二つあった。一つは、現状の問題である。多くの女性が非正規として働く問題や少なくない人がひきこもる問題など、二〇世紀末から徐々に顕在化した諸問題が、二一世紀に入ってもなお広がりをみせている。なぜ、人びとは、〝一人前〟の働きをしながら、〝半人前〟と位置づけられているのであろうか。なぜ、これほど多くの人びとにとって、生きづらい社会になってしまっているのであろうか。これらの疑問に答えようとした研究は、むろん多数存在する。本書においても、これらの研究に多くを学んでいる。しかし、新しいアプローチが必要と考えた。本書は日本社会の歴史的展開の帰結として現状を理解するという方法である。そして、人びとの行動にとって外的要因となる政治経済構造の変化だけではなく、人びと自身の社会に対する考え方とその変化に焦点をあて、現状を理解し把握するという方法である。これらの方法を用いたアプローチによる一つの回答が、本書である。

もう一つは、人びとが自己主張する際の正当性とそこに潜むエネルギーへの関心である。この点は、禹と沼尻が、三〇代の頃から一貫して追究し議論を重ねてきたことである。いわば、〝比較民衆史〟的視点と呼ぶことができようか。この視点に基づき、たとえば「西洋にみられる権利意識が日本にはない(あるいは弱い)」という見方——すなわち西洋を基準とした〝欠如論〟を乗り越えようと努めてきた。日本の人びとの権利意識が弱いのは事実だとしても、それだけで歴史と現状が首尾よく説明できるかとすれば、そうではない。日本には何があるのか。日本の人びとは何が強いのか。そのことを明らかにすることこそ、二人の共通の課題であった。これを解明すべく、戦前から高度成長期にいたる過程における、企業社会と地域社会の営みをそれぞれが分析した(詳しくは、禹 2003、沼尻 2015 参照)。企業と村落というように対象やフォーカスは異なるものの、日本の人びとの有するエネルギーの正体に少しは近づくことができたと考える。

ただし、残された課題は山積していた。なかでも、自己主張の強くない人びとのエネルギーをどのように把握すればよいかが難題であった。私たちが上記著作で解明したのは、社会が成長する時期の、自己の正当性を主張しやすかった層のエネルギーであった。しかし、二一世紀のいまは、社会が成長する時期でもなければ、非正規として働く女性やひきこもりの人たちが自らの正当性を主張しやすいわけでもない。となれば、その潜在力に迫るためには、人びとが自らを主張しやすい／主張しにくい、その正当性を持ちやすい／持ちにくいことを総合的にとらえ、相互間に移行する可能性をダイナミックに歴史に位置づけて考察する必要がある。このためには、人びとが社会のなかで、どのように互いに認め合うことになるか、その仕組みから議論を出発させなければいけないのではないか。そのような発想から、「承認」に視点を据えた。そして、「人格承認」要求が社会に広まった大正期から、本書の叙述をスタートさせることにしたのである。

この叙述にあたって、私たちがこだわった点がある。それは、先に述べた二つ目の動機と関わる。本書は、「承認」をキーワードとする。ただし、「承認」そのものは、先学によってしっかりと概念化されている。本書でも、A・ホネットの議論を援用している。本書の主眼点はむしろ、承認を「権利の承認」と「価値の承認」とに区分して考察するところにある。上記〃欠如論〃との対比でいえば、日本は、「権利の承認」は弱い反面、「価値の承認」は強いかもしれないということである。

実際、たとえば戦前においては、なかなか権利を認めようとしない政府に抵抗あるいは妥協しながら、労働者や女性たちは、「権利の承認」だけではなく、むしろ「価値の承認」を強く求めていった。これこそ、本書がフォーカスした点であり、従来の歴史書があまり注目してこなかった視点である。戦後、「権利の承認」が与えられた後も、特定の場——企業や地域社会——において、今まで人並みとして十分認められてこなかった人びとは、「権利」と連動しつつも、自らを「価値ある存在」として認めてもらうために奮闘し続けた。

まもなく戦後八〇年が経とうとしているが、後半の四〇年についても、この視点からの考察が求められる。すなわち、単に新自由主義的な効率性重視の考え方が日本社会を変えていったわけではないととらえる必要がある。経済社会構造や政府による政策の影響を把握することも重要だが、それに負けず劣らず、働く場や暮らしの場における人びとの「価値の承認」のあり方の変化を把握することも重要である。このことを通じて、多くの女性が非正規として働く問題や、少なくない人にとっては居場所がなくひきこもる問題を、社会とのかかわりのなかで歴史的に理解することが可能となることを、改めて強調しておきたい。

このように、日本にあるものや「価値の承認」に重点を置くのが本書の特徴となるが、これは裏返せば、そのまま本書の弱点にもなる。それはすなわち、日本社会で「承認」されている「権利」の正体について、十分アプローチできていないということである。たとえば、本書では、承認されてこなかった人びとが取った「承認」のための手法として、「逆手にとる」を挙げた。国が権利ではなく価値の承認へと人びとを誘導してきたことを逆手にとって、「これを権利と見なす」あるいは「これを価値と見なす」というように、自分の近いところで権利や価値のようなものを設定し自らの正当性を担保した点を、本書では強調した。では、人びとに対して、(のようなものではなく)正真正銘の権利を付与し、人びとの社会的価値を統合すべき政治制度としての、戦後日本における議会制民主主義と地方自治とは何であったのだろうか。そして、それは比較史的にみてどのような特徴を有しているのだろうか。残念ながら、本書では、法と政治の問題にまで分析が及ばなかったこともあり、これらについて議論を深めることはできなかった。

一方、「場」が弱まった二〇世紀末以後、個人に即した「生きがい」が重視されるなか、「価値の承認」への関心が弱まったばかりでなく、それと連動して「権利の承認」への関心も弱くなった。結果、議会制民主主義と地方自治自体への関心が弱まった。危惧される現象と言わざるを得ない。これから「価値の承認」を進めると同時に「権利の承認」をどのように回復させ得るか、大きな課題である。

残された課題も多い本書であるが、本書を取りまとめるにあたっては、多くの方々に力を貸していただいた。資料においては、埼玉大学の労働関係資料(その一部は、もともと東京大学社会科学研究所に所蔵されていたが、埼玉大学に移管・保存されているものである)、および立教大学共生社会研究センターの所蔵資料をフルに利用させていただいた。また本書の主要参考文献は、巻末に一覧とさせていただいたが、実際にはこれらはほんの一部であり、数多くの先行研究に依拠している。すべてのお名前を挙げることはできないが、ここに厚く御礼申し上げたい。

一方、本書の議論を精緻化する過程においては、立教大学共生社会研究センター公開セミナー(二〇二二年)、社会政策学会テーマ別分科会(二〇二二年)、史学会大会公開シンポジウム(二〇二三年)などにおいて、本書とかかわるテーマを発表し、種々のご意見をいただいた。なかでも、社会政策学会分科会において討論者をお引き受けくださった木本喜美子氏には、生硬な私たちの報告を内在的に理解したうえで、有益なコメントをご提供いただいた。なお、木本氏のご紹介でインタビューに応じてくださった、ひきこもりUX会議の林恭子氏には、ひきこもり問題について貴重な経験と実践をご教授いただいた。ここに記して心より感謝申し上げたい。

執筆にあたっての分担は、序章と各章第二・四節を禹が主に担当し、各章第一・三節を沼尻が主に担当し、終章は共同で執筆した。ただし、上記は大まかな分担であり、各章第一節の労働関係の内容は禹が加筆しているし、序章や各章第四節の暮らしの場に関する内容について沼尻が加筆した箇所もある。その意味でも名実ともに共同執筆の成果であるといえる。

本書の刊行にあたり、岩波書店編集部の吉田浩一氏、飯田建氏には大変お世話になった。飯田氏は、当初構想が十分練られておらず、枠組みも揺れ動いていた私たちの議論に、正面から向き合って、常に冷静で厳しく、しかし建設的なアドバイスをくださった。飯田氏にはじめてお会いしたのは二〇一九年秋のことで、それから四年を超える月日が流れている。氏が、歩みの遅い私たちに粘り強く付き合ってくださらなかったならば、本書をこのような形で取りまとめることは到底できなかったであろう。末尾となるが、改めて深く感謝申し上げたい。

二〇二四年一月

禹　宗杬
沼尻晃伸

参考文献

＊五十音順

本書全体を通して

鹿野政直(2004)『現代日本女性史―フェミニズムを軸として―』有斐閣

黒川みどり・藤野豊(2015)『差別の日本近現代史―包摂と排除のはざまで―』岩波書店

三和良一・原朗編(2010)『近現代日本経済史要覧』(補訂版)東京大学出版会

序章

小熊英二(2019)『日本社会のしくみ―雇用・教育・福祉の歴史社会学―』講談社

木本喜美子(2019)「女性労働史研究の課題を再考する―『共稼ぎ労働文化』と『男性稼ぎ主労働文化』の付置連関―」『大分大学経済論集』70巻5・6号

二村一夫(1994)「戦後社会の起点における労働組合運動」坂野潤治・宮地正人・高村直助・安田浩・渡辺治編集委員『日本近現代史4　戦後改革と現代社会の形成』岩波書店

野村正實(2007)『日本的雇用慣行―全体像構築の試み―』ミネルヴァ書房

林恭子(2021)『ひきこもりの真実―就労より自立より大切なこと―』筑摩書房

ホネット，アクセル(2014)『承認をめぐる闘争―社会的コンフリクトの道徳的文法―』山本啓・直江清隆訳(増補版)，法政大学出版局

第1章

相原茂・鮫島龍行編(1971)『経済学全集28　統計日本経済』筑摩書房

有馬学(2010)『日本の歴史23　帝国の昭和』講談社

石月静恵(1996)『戦間期の女性運動』東方出版

石月静恵(2020)「総論　全関西婦人連合会の成立と活動―女性ネットワークの誕生―」石月・大阪女性史研究会編著『女性ネットワークの誕生―全関西婦人連合会の成立と活動―』ドメス出版

市原博(2022)『近代日本の技術者と人材形成・人事管理』日本経済評論社

井上英夫(1989)「障害者の参政権保障の歴史と現状―選挙権を中心に―」『早稲田法学』64巻4号

禹宗杬(2003)『「身分の取引」と日本の雇用慣行―国鉄の事例分析―』日本経済評論社

氏原正治郎(1959)「戦後日本の労働市場の諸相」『日本労働協会雑誌』1巻2号

氏原正治郎(1989)『日本の労使関係と労働政策』東京大学出版会

大門正克(2003)「新興工業都市の形成―経済過程と労働力の構成を中心に―」大石嘉一郎・金澤史男編著『近代日本都市史研究―地方都市からの再構成―』日本経済評論社
小川政亮(1967)「戦時社会保障法の成立と性格」篭山京編『社会保障の近代化』勁草書房
海保洋子(2012)「戦前期方面委員の女性任用問題に関する一考察―その実態と変容過程―」『総合女性史研究』第29号
加藤千香子(2003)「一九一〇～三〇年代川崎における政治状況の変容過程」大石嘉一郎・金澤史男編著，前掲書
加用信文監修，農政調査委員会編(1977)『改訂　日本農業基礎統計』農林統計協会
川口由彦(1990)『近代日本の土地法観念』東京大学出版会
川島武宜(2000)『日本社会の家族的構成』岩波書店
佐口和郎(1991)『日本における産業民主主義の前提―労使懇談制度から産業報国会へ―』東京大学出版会
進藤久美子(2014)『市川房枝と「大東亜戦争」―フェミニストは戦争をどう生きたか―』法政大学出版局
隅谷三喜男(1968)『日本の社会思想―近代化とキリスト教―』東京大学出版会
全日本労働総同盟東京製綱組合本部編(1936)『団体協約十年』全日本労働総同盟製綱組合本部
千本暁子(1990)「日本における性別役割分業の形成―家計調査研究を通して―」荻野美穂・田邊玲子・姫岡とし子・千本暁子・長谷川博子・落合恵美子『制度としての〈女〉―性・産・家族の比較社会史―』平凡社
東條由紀彦(1990)『製糸同盟の女工登録制度―日本近代の変容と女工の「人格」―』東京大学出版会
中川清(1985)『日本の都市下層』勁草書房
西田美昭(1985)「近代日本における障害児教育の特質」東京大学社会科学研究所編『福祉国家6　日本の社会と福祉』東京大学出版会
西成田豊(2004)『経営と労働の明治維新―横須賀製鉄所・造船所を中心に―』吉川弘文館
二村一夫(2008)『労働は神聖なり，結合は勢力なり―高野房太郎とその時代―』岩波書店
兵藤釗(1971)『日本における労資関係の展開』東京大学出版会
平野敏政・平井一麥(2010)「女性をめぐる社会的環境の歴史的展開―女性史年表の記載項目から―」『帝京社会学』23号
藤目ゆき(1988)「全関西婦人連合会の構造と特質」『史林』71巻5号
堀川祐里(2022)『戦時期日本の働く女たち―ジェンダー平等な労働環境を目指して―』晃洋書房

源川真希(2007)『東京市政―首都の近現代史―』日本経済評論社
若林幸男(2007)『三井物産人事政策史 1876～1931 年―情報交通教育インフラと職員組織―』ミネルヴァ書房

第 2 章

赤地あさ(2001)「未来の命のために―石油コンビナート阻止運動―」みしま女性史サークル・女性政策室編『聞き書き・みしまの女性たちの歩み―大正生まれ編―』三島市総務部企画調整課女性政策室
飯島伸子・西岡昭夫(1973)「公害防止運動」『岩波講座　現代都市政策 VI 都市と公害・災害』岩波書店
伊藤雅子(1982)「主婦よ『幸せ』になるのはやめよう」上野千鶴子編『主婦論争を読む―全記録―』II，勁草書房
井上英夫(1989)，前掲論文
禹宗杬(2003)，前掲書
大門正克(2015)「高度経済成長と日本社会の変容」『岩波講座日本歴史　第 19 巻　近現代 5』岩波書店
遠藤公嗣(1989)『日本占領と労資関係政策の成立』東京大学出版会
禿あや美(2022)『雇用形態間格差の制度分析―ジェンダー視角からの分業と秩序の形成史―』ミネルヴァ書房
河西宏祐(1999)『電産型賃金の世界―その形成と歴史的意義―』早稲田大学出版会
古関彰一(2017)『日本国憲法の誕生』(増補改訂版)岩波書店
酒井郁造・「見えない公害との闘い」編集委員会編(1984)『見えない公害との闘い―三島地区石油化学コンビナート反対住民運動史―』「見えない公害との闘い」編集委員会
丁振聲(2006)「高度経済成長期の石炭産業調整政策―生産維持と雇用調整を中心に―」『社会経済史学』72 巻 2 号
菅山真次(2011)『「就社」社会の誕生―ホワイトカラーからブルーカラーへ―』名古屋大学出版会
鈴木雅子(2003)「高度経済成長期における脳性マヒ者運動の展開―日本脳性マヒ者協会「青い芝の会」をめぐって―」『歴史学研究』778 号
高木郁朗(2021)『戦後革新の墓碑銘』中北浩爾編，旬報社
田口和雄(2004)「新日本製鐵にみる賃金制度の戦後史」『機械経済研究』No. 35
武田京子(1982)「主婦こそ解放された人間像」上野千鶴子編，前掲書
伊達浩憲(2005)「戦後日本の自動車産業と臨時工―1950～60 年代のトヨタ自工を中心に―」『大原社会問題研究所雑誌』No. 556
田中宏(2013)『在日外国人―法の壁，心の溝―』(第 3 版)，岩波書店
田無市史編さん委員会編(1992)『田無市史―近代・現代史料編―』第 2 巻，

田無市
辻勝次(2008)「私の調査実践と生活小史法―トヨタ戦没世代の『会社人間化』―」『大原社会問題研究所雑誌』No. 601
豊田真穂(2007)『占領下の女性労働改革―保護と平等をめぐって―』勁草書房
沼尻晃伸(2007)「資料　松村美與子氏聞き取り調査の記録―三島母親の会・地方自治・コンビナート反対運動―」『社会科学論集』122号
林光編(1997)『練馬の主婦たちの歩み／略年表―練馬母親連絡会発足満40年「豆ニュース」発行満20年―』練馬母親連絡会
北海道立労働科学研究所(1955)『臨時工(前編)』日本評論新社
星野重雄(1968)「沼津市・三島市・清水町住民の勝利」武谷三男編『安全性の考え方』(二刷)岩波書店
星野重雄・西岡昭夫・中嶋勇(1993)『石油コンビナート阻止―沼津・三島・清水，二市一町住民のたたかい―』技術と人間
松田忍(2012)「新生活運動協会――九四〇年代後半〜一九六〇年代半ば―」大門正克編著『新生活運動と日本の戦後―敗戦から1970年代―』日本経済評論社
宮本憲一(1979)「市民誕生―草の根民主主義への道―」宮本編『沼津住民運動の歩み』日本放送出版協会
山田和代(2000)「労働組合の主婦組織と『内職問題』―1960年代『総評主婦の会』の活動から―」『筑波大学経済学論集』43号
山本俊明(2019)『僕の街に「道路怪獣」が来た―現代の道路戦争―』緑風出版
横山文野(2002)『戦後日本の女性政策』勁草書房
吉田誠(2010)「ドッジ・ライン下における日産自動車の人員整理―解雇対象者の属性に関する一考察―」『大原社会問題研究所雑誌』No. 621
吉田誠(2014)「戦後初期の日産における人員体制の構築―女性労働者を中心に―」『社会科学論集』第143号
労働省婦人少年局婦人労働課(1973)「主要労働組合の婦人対策について」
労働政策研究・研修機構(2018)『雇用システムの生成と変貌―政策との関連―』労働政策研究・研修機構

第3章

上野千鶴子(2008)「脱専業主婦のネットワーキング――九八八年―」上野編『「女縁」を生きた女たち』岩波書店
大沢真理(2002)『男女共同参画社会をつくる』日本放送出版協会
大森真紀(2016)「結婚等退職制の推移―労働省婦人少年局による実態把握と政策的対応，1950年代-80年代―」『早稲田社会科学総合研究』16巻2・3号
加藤千香子(2011)「〈周辺〉層と都市社会―川崎のスラム街から―」大門正

克・大槻奈巳・岡田知弘・佐藤隆・進藤兵・高岡裕之・柳沢遊編『高度成長の時代3　成長と冷戦への問い』大月書店
金井郁(2013)「『多様な正社員』施策と女性の働き方への影響」『日本労働研究雑誌』No. 636
上井喜彦(1994)『労働組合の職場規制―日本自動車産業の事例研究―』東京大学出版会
熊沢誠(1989)『日本的経営の明暗』筑摩書房
小玉亮子(2001)「教育改革と家族」『家族社会学研究』12巻2号
杉本章(2008)『障害者はどう生きてきたか―戦前・戦後障害者運動史―』(増補改訂版)現代書館
首藤若菜(2020)「女性労働者に関わる組合運動」『労働調査』600号
辻勝次(2011)「戦後トヨタにおける人事異動の定期化過程」『立命館産業社会論集』47巻3号
中西正司(2014)『自立生活運動史―社会変革の戦略と戦術―』現代書館
仁田道夫(1988)『日本の労働者参加』東京大学出版会
沼尻晃伸(2018)「都市における水辺空間の再編――九七〇～八〇年代の川をめぐる諸運動と政策―」『年報日本現代史』23号
練馬女性史を拓く会(2012)『始まりはひとりから　練馬の女性たちの記録総論編その2―福祉・保健―』練馬女性史を拓く会
橋本健二(2009)『「格差」の戦後史―階級社会日本の履歴書―』河出書房新社
林光編(1997)，前掲書
原田純孝(1988)「『日本型福祉社会』論の家族像―家族をめぐる政策と法の展開方向との関連で―」東京大学社会科学研究所編『転換期の福祉国家』(下)東京大学出版会
マーフィー，R. ターガート(2015)『日本　呪縛の構図―この国の過去，現在，そして未来―』仲達志訳，早川書房
宮本憲一(2014)『戦後日本公害史論』岩波書店
八幡成美(1986)「日本的職場小集団活動の実態とQWL的意義」法政大学大原社会問題研究所編『労働の人間化―人間と仕事の調和をもとめて―』総合労働研究所
横山文野(2002)，前掲書
吉見俊哉(2009)『ポスト戦後社会』岩波書店
連合総合生活開発研究所(2012)『日本の賃金―歴史と展望―調査報告書』連合総合生活開発研究所
労働政策研究・研修機構(2018)，前掲書
渡辺治(1988)「80年代の教育改革」『労働法律旬報』1189号

第 4 章

阿部真大(2007)『働きすぎる若者たち―「自分探し」の果てに―』日本放送出版協会
伊藤公雄(2017)「イデオロギーとしての『家族』と本格的な『家族政策』の不在」本田由紀・伊藤編著『国家がなぜ家族に干渉するのか―法案・政策の背後にあるもの―』青弓社
伊藤美登里(2017)『ウルリッヒ・ベックの社会理論―リスク社会を生きるということ―』勁草書房
禹宗杬(2020)「『一億総活躍』と身分制雇用システム」『社会政策』11 巻 3 号
大沢真知子・鈴木陽子(2012)『妻が再就職するとき―セカンド・チャンス社会へ―』NTT 出版
大沢真理(2018)「逆機能する税・社会保障制度―アベノミクスは何をしたのか―」『経済社会とジェンダー』3 号
金英(2017)『主婦パートタイマーの処遇格差はなぜ再生産されるのか―スーパーマーケット産業のジェンダー分析―』ミネルヴァ書房
小泉浩子(2016)「既成概念の変革と，人として生きること―介助の現場に関わる中から―」尾上浩二・熊谷晋一郎・大野更紗・小泉浩子・矢吹文敏・渡邉琢『障害者運動のバトンをつなぐ―いま，あらためて地域で生きていくために―』生活書院
小山弘美(2018)『自治と協働からみた現代コミュニティ論―世田谷区まちづくり活動の軌跡―』晃洋書房
久冨善之(2014)「教育の社会性と実践性との関連を追究して」教育科学研究会編『講座　教育実践と教育学の再生　別巻　戦後日本の教育と教育学』かもがわ出版
佐々木英和(2016)「自己実現言説における『社会』の意味合いについての歴史的考察―テキストマイニング手法による量的研究と質的研究との接合の試み―」『宇都宮大学教育学部研究紀要　第 1 部』第 66 号
笹倉尚子(2003)「健康増進法『健康は国民の責務』!? ―誰も知らない健康増進法の真実―」『法学セミナー』48 巻 5 号
塩野宏(2008)「基本法について」『日本学士院紀要』63 巻 1 号
田中弥生(2006)『NPO が自立する日―行政の下請け化に未来はない―』日本評論社
中西正司・上野千鶴子(2003)『当事者主権』岩波書店
二宮周平(2017)「家庭教育支援法について」本田由紀・伊藤公雄編著，前掲書
林恭子(2021)，前掲書
藤野豊(2001)『「いのち」の近代史―「民族浄化」の名のもとに迫害されたハンセン病患者―』かもがわ出版
藤原千沙(2018)「日本における『子どもの貧困』問題」『大原社会問題研究所

雑誌』No. 711
牧野智和(2015)『日常に侵入する自己啓発—生き方・手帳術・片づけ—』勁草書房
三浦清一郎(2010)『自分のためのボランティア—居場所ありますか、必要とされて生きていますか—』学文社

終章・あとがき

石渡ひかる(2021)「地域活動と普通の主婦の成長記」みんなで本を出そう会編，瀬沼克彰筆者代表『地域生涯学習とコミュニティ形成—おとなの自由時間の使い方—』日本地域社会研究所
禹宗杬(2003)，前掲書
禹宗杬(2021)「『雇用区分廃止』の人事戦略—背景・要因・効果—」『社会政策』13 巻 2 号
金井郁(2021)「人事制度改革と雇用管理区分の統合—女性労働者へのインパクトに着目して—」『社会政策』13 巻 2 号
豊島子ども WAKUWAKU ネットワーク編著(2016)『子ども食堂をつくろう！—人がつながる地域の居場所づくり—』明石書店
沼尻晃伸(2015)『村落からみた市街地形成—人と土地・水の関係史　尼崎 1925–73 年—』日本経済評論社
林恭子(2021)，前掲書

禹 宗杬

1961年韓国生まれ．東京大学大学院経済学研究科博士課程中途退学．博士(経済学)
現在―法政大学大学院公共政策研究科教授
著書―『「身分の取引」と日本の雇用慣行』(日本経済評論社)，『現場力の再構築へ』(共編著，日本経済評論社)ほか

沼尻晃伸

1964年東京生まれ．東京大学大学院経済学研究科第二種博士課程単位取得退学．博士(経済学)
現在―立教大学文学部教授
著書―『工場立地と都市計画』(東京大学出版会)，『村落からみた市街地形成』(日本経済評論社)ほか

〈一人前〉と戦後社会
―対等を求めて

岩波新書(新赤版)2010

2024年3月19日　第1刷発行

著　者　禹《ウー》 宗杬《ジョンウォン》　沼尻晃伸《ぬまじりあきのぶ》

発行者　坂本政謙

発行所　株式会社 岩波書店
〒101-8002 東京都千代田区一ツ橋 2-5-5
案内 03-5210-4000　営業部 03-5210-4111
https://www.iwanami.co.jp/

新書編集部 03-5210-4054
https://www.iwanami.co.jp/sin/

印刷・三陽社　カバー・半七印刷　製本・中永製本

ISBN 978-4-00-432010-4　　Printed in Japan

岩波新書新赤版一〇〇〇点に際して

ひとつの時代が終わったと言われて久しい。だが、その先にいかなる時代を展望するのか、私たちはその輪郭すら描きえていない。二〇世紀から持ち越した課題の多くは、未だ解決の緒を見つけることのできないままであり、二一世紀が新たに招きよせた問題も少なくない。グローバル資本主義の浸透、憎悪の連鎖、暴力の応酬――世界は混沌として深い不安の只中にある。

現代社会においては変化が常態となり、速さと新しさに絶対的な価値が与えられた。消費社会の深化と情報技術の革命は、種々の境界を無くし、人々の生活やコミュニケーションの様式を根底から変容させてきた。ライフスタイルは多様化し、一面では個人の生き方をそれぞれが選びとる時代が始まっている。同時に、新たな格差が生まれ、様々な次元での亀裂や分断が深まっている。社会や歴史に対する意識が揺らぎ、普遍的な理念に対する根本的な懐疑や、現実を変えることへの無力感がひそかに根を張りつつある。そして生きることに誰もが困難を覚える時代が到来している。

しかし、日常生活のそれぞれの場で、自由と民主主義を獲得し実践することを通じて、私たち自身がそうした閉塞を乗り超え、希望の時代の幕開けを告げてゆくことは不可能ではあるまい。そのために、いま求められていること――それは、個と個の間で開かれた対話を積み重ねながら、人間らしく生きることの条件について一人ひとりが粘り強く思考することではないか。その営みの糧となるものが、教養に外ならないと私たちは考える。歴史とは何か、よく生きるとはいかなることか、世界そして人間はどこへ向かうべきなのか――こうした根源的な問いとの格闘が、文化と知の厚みを作り出し、個人と社会を支える基盤としての教養となった。まさにそのような教養への道案内こそ、岩波新書が創刊以来、追求してきたことである。

岩波新書は、日中戦争下の一九三八年一一月に赤版として創刊された。創刊の辞は、道義の精神に則らない日本の行動を憂慮し、批判的精神と良心的行動の欠如を戒めつつ、現代人の現代的教養を刊行の目的とする、と謳っている。以後、青版、黄版、新赤版と装いを改めながら、合計二五〇〇点余りを世に問うてきた。そして、いままた新赤版が一〇〇〇点を迎えたのを機に、人間の理性と良心への信頼を再確認し、それに裏打ちされた文化を培っていく決意を込めて、新しい装丁のもとに再出発したいと思う。一冊一冊から吹き出す新風が一人でも多くの読者の許に届くこと、そして希望ある時代への想像力を豊かにかき立てることを切に願う。

（二〇〇六年四月）

岩波新書より

社会

女性不況サバイバル　竹信三恵子
パリの音楽サロン　青柳いづみこ
持続可能な発展の話　宮永健太郎
皮革とブランド 変化するファッション倫理　西村祐子
動物がくれる力 教育、福祉、そして人生　大塚敦子
政治と宗教　島薗進編
超デジタル世界　西垣通
現代カタストロフ論　金子勝／児玉龍彦
「移民国家」としての日本　宮島喬
迫りくる核リスク 〈核抑止〉を解体する　吉田文彦
記者がひもとく「少年」事件史　川名壮志
中国のデジタルイノベーション　小池政就
これからの住まい　川崎直宏
検察審査会　デイビッド・T・ジョンソン／平山真理／福来寛
ドキュメント〈アメリカ世〉の沖縄　宮城修
東京大空襲の戦後史　栗原俊雄
土地は誰のものか　五十嵐敬喜
民俗学入門　菊地暁
企業と経済を読み解く小説50　佐高信
視覚化する味覚　久野愛
ロボットと人間 人とは何か　石黒浩
ジョブ型雇用社会とは何か　濱口桂一郎
法医学者の使命 「人の死を生かす」ために　吉田謙一
異文化コミュニケーション学　鳥飼玖美子
モダン語の世界へ　山室信一
時代を撃つノンフィクション100　佐高信
労働組合とは何か　木下武男
プライバシーという権利　宮下紘
地域衰退　宮﨑雅人
江戸問答　田中優子／松岡正剛
広島平和記念資料館は問いかける　志賀賢治
コロナ後の世界を生きる　村上陽一郎編
リスクの正体　神里達博
紫外線の社会史　金凡性
「勤労青年」の教養文化史　福間良明
5G 次世代移動通信規格の可能性　森川博之
客室乗務員の誕生　山口誠
「孤独な育児」のない社会へ　榊原智子
放送の自由　川端和治
社会保障再考 〈地域〉で支える　菊池馨実
生きのびるマンション　山岡淳一郎
虐待死 なぜ起きるのか、どう防ぐか　川崎二三彦
平成時代◆　吉見俊哉
バブル経済事件の深層　奥山俊宏／村山治
日本をどのような国にするか　丹羽宇一郎
なぜ働き続けられない？ 社会と自分の力学　鹿嶋敬
物流危機は終わらない　首藤若菜

岩波新書より

認知症フレンドリー社会　徳田雄人
アナキズム　一丸となってバラバラに生きろ　栗原康
まちづくり都市 金沢　山出保
総介護社会　小竹雅子
賢い患者　山口育子
住まいで「老活」　安楽玲子
現代社会はどこに向かうか　見田宗介
EVと自動運転　クルマをどう変えるか　鶴原吉郎
ルポ 保育格差◆　小林美希
棋士とAI　王銘琬
科学者と軍事研究　池内了
原子力規制委員会　新藤宗幸
東電原発裁判　添田孝史
日本問答　田中優子・松岡正剛
日本の無戸籍者　井戸まさえ
〈ひとり死〉時代のお葬式とお墓　小谷みどり
町を住みこなす　大月敏雄

歩く、見る、聞く 人びとの自然再生　宮内泰介
対話する社会へ　暉峻淑子
悩みいろいろ　金子勝
魚と日本人　食と職の経済学　濱田武士
ルポ 貧困女子　飯島裕子
鳥獣害　動物たちと、どう向きあうか　祖田修
科学者と戦争　池内了
新しい幸福論　橘木俊詔
ブラックバイト　学生が危ない　今野晴貴
原発プロパガンダ　本間龍
ルポ 母子避難　吉田千亜
日本にとって沖縄とは何か　新崎盛暉
日本病　長期衰退のダイナミクス◆　金子勝・児玉龍彦
雇用身分社会　森岡孝二
生命保険とのつき合い方◆　出口治明
ルポ にっぽんのごみ　杉本裕明
鈴木さんにも分かるネットの未来　川上量生

地域に希望あり◆　大江正章
世論調査とは何だろうか◆　岩本裕
フォト・ストーリー 沖縄の70年　石川文洋
ルポ 保育崩壊　小林美希
多数決を疑う　社会的選択理論とは何か　坂井豊貴
アホウドリを追った日本人　平岡昭利
朝鮮と日本に生きる　金時鐘
被災弱者　岡田広行
農山村は消滅しない　小田切徳美
復興〈災害〉　塩崎賢明
「働くこと」を問い直す　山崎憲
原発と大津波　警告を葬った人々　添田孝史
縮小都市の挑戦　矢作弘
福島原発事故　被災者支援政策の欺瞞　日野行介
日本の年金◆　駒村康平
食と農でつなぐ　福島から◆　塩谷弘康・岩崎由美子
過労自殺〔第二版〕◆　川人博